청소년 자살행동 치료프로그램 매뉴얼

| 사례 분석 기반 개입 |

| 함경애 · 천성문 · 이동귀 공저 |

학지사

머리말

늘 밝고 친구들과 잘 지내던 고민이……. 어느 날부터인가 지각이 늘고 수업시간에도 엎드려 있는 모습이 자주 보인다. 쉬는 시간에도 혼자 멍하니 낙서만 하고 있는데, 노트를 보니 '죽고 싶다'는 글귀가…….

우리 사회에 '고민이'와 같은 청소년들이 증가하고 있어 심각한 문제가 되고 있다. 광주광역시 거주 중·고등학생의 경우 지난 1년간 한 번이라도 자살 충동을 경험한 학생이 31.1%이고(연합뉴스, 2014. 7. 17.), 경기지역 초·중·고등학교에서도 최근 3개월간 자살을 시도하거나 생각해 본 적이 있는 학생이 3천여 명에 이르며 이 중 900명 이상은 실제로 자해 또는 자살을 시도한 것으로 나타나(연합뉴스, 2014. 11. 20.) 충격을 더하고 있다. 통계청(2012)의 '2010년 사망원인통계' 결과를 봐도 10대 전체 사망자의 24.3%가 자살로 생을 마감하는 등 이제 자살은 청소년 사망원인 1위를 차지하고 있다. 요컨대 청소년의 자살은 더 이상 방치할 수 없는 심각한 사회 문제가 된 것이다.

그러나 실제 청소년들과 가장 많은 시간을 보내는 교사나 학교 관리자들은 학생지도를 할 때 자신의 청소년기 경험이나 관리자로서의 역할과 선입견 때문에 자살위험 학생들의 심리적 고충을 파악하기 쉽지 않은 것이 현실이다. 이로 인해 자살 고(高)위험군 학생들이 전문상담교사나 상담전문기관의 적절한 지원을 제때 받지 못한 채 형식적인 관리 아래에 방치되어 결국 자신을 이해해 주는 사람은 아무도 없다는 생각에 이르게 되고 그로 인한 자괴감과 소외, 절망, 우울 등을 겪게 되어 최후의 도피수단으로 자살을 선택하는 비극적인 상황을 맞이하게 된다.

이는 한국 사회로 볼 때에도 미래의 동량인 청소년들이 채 피어나지도 못하고 사라지고 마는 커다란 손실이라 아니 할 수 없다.

이 책은 그러한 비극을 막는 데 일조하기 위해서 고안되었다. 원래 이 책의 근간은 제1저자 함경애의 박사논문 연구이며, 여기에 공저자인 천성문, 이동귀의 긴밀한 공동 작업이 더하여져, 정신건강 전문가들이 상담 실제에서 활용할 수 있는 매뉴얼 형태로 재구성되었다. 이 책의 주요 특징은 다음과 같다.

첫째, 이 책에서 제안하는 10회기 청소년 자살행동 치료프로그램은 실제 자살시도 경험이 있는 학생들과의 심층 인터뷰를 통해 청소년 자살 관련 요인을 그들의 고유한 관점에서 생생하게 이해하고 분석한 결과를 바탕으로 하였다. 그럼으로써 프로그램의 타당성을 확보하였다는 점에서 분명한 장점이 있다. 따라서 청소년의 일상에 주요한 영향을 미칠 수 있는 부모와 교사 등이 지극히 내밀한 개인적 행위인 자살행동을 다양한 환경적 맥락에서 보다 깊이 이해하고 효율적으로 접근하는 데 실질적인 도움을 제공할 수 있을 것이다.

둘째, 이 책에서 제시한 치료프로그램은 청소년 자살행동의 예방적 측면에서 유익하게 활용될 수 있도록 고안되었다. 자살 위험에 처해 있는 위기 청소년들은 최후의 순간에라도 누군가 구원의 손길을 내민다면 살아날 수 있고, 이들의 자살시도가 삶을 끝장내겠다는 것이 아니라 도와달라는 간절한 호소라는 점을 기억한다면 청소년들이 일시적인 자살충동이나 위기상황을 극복할 수 있도록 돕는 전향적인 예방프로그램의 적용은 이제 절대적인 명제라고 하겠다. 이 책은 특히 학교현장에서 바로 실시 가능한 체계적 · 실질적인 자살예방 프로그램으로서 그 활용가치가 있을 것이다.

셋째, 이 책의 치료프로그램은 엄정한 양적 · 질적 분석을 통해 그 효과성이 입증되었다는 점이다. 단순한 통제집단과의 비교뿐 아니라 기존의 생명존중프로그램에 비해서도 우울과 자살생각을 줄이고 심리적 안녕감을 증진하는 데 탁월한 효과가 있었으며 그 신뢰성과 타당성이 경험적으로 입증되었다.

이 책은 크게 5장으로 이루어져 있다. 제1장은 청소년 자살행동의 심각성과 특징을 주로 다루고 있다. 제2장은 자살시도를 2회 이상 했던 청소년들을 대상으로 그들의 자살행동 경험 및 극복경험을 분석하였다. 제3장은 자살행동을 보이는 청소년의 사례분석 내용 및 현장전문가의 요구분석, 선행연구 검토를 바탕으로 체계적이고 실질적인 치료프로그램을 개발한 과정을 제시하였다. 제4장은 이 청소년 자살행동 치료프로그램의 지도자용 안내서와 프로그램 활동지를 제시하였다. 마지막으로 제5장은 청소년 자살행동 치료프로그램의 효과성을 양적 및 질적 분석을 통해 확인한 결과를 제시하였다.

이 책에서 제시하는 청소년 자살행동 치료프로그램은 청소년의 자살행동의 실제 사례에 대한 분석 결과를 바탕으로, 학교 장면에서 교사가 예방프로그램으로 바로 활용할 수 있고 그 타당성이 경험적으로 확인된 것이다. 이를 통해 위기 청소년들에 대한 부모와 교사 및 사회 전반의 심층적 이해를 확장하고 보다 안전한 사회문화적 환경을 조성함은 물론 자살행동을 보이는 청소년들이 우울과 자살행동의 사슬에서 벗어나 심리적 안녕감을 확보하고 자신의 소중한 삶에 대한 의지를 다지는 데 실질적인 도움을 제공할 수 있을 것으로 기대한다.

이 책은 많은 분의 도움으로 빛을 보게 되었다. 먼저, 이 프로그램 개발 연구에 참여해서 귀중한 얘기를 들려주신 학생들과 현장전문가 선생님들께 깊이 감사드린다. 또한 멋진 책의 형태로 만들어 주신 학지사 관계자분들의 노고를 치하하며, 끝으로 언제나 든든한 버팀목이 되어 준 저자들의 가족께도 감사의 말씀을 드린다.

2015년 6월

저자 일동

차례

01

청소년 자살행동의 심각성과 특징

1. 청소년 자살행동의 정의
2. 청소년 자살행동의 심각성
3. 청소년기 자살행동의 5가지 특징

1. 청소년 자살행동의 정의

청소년기는 아동기로부터 성인기로 넘어가는 과도기로서 급속한 신체적, 정신적, 지적 및 사회적 변화로 인해 매우 불안정한 시기이므로 사소한 자극이나 자기 갈등에도 자살이라는 극단적이고 충동적인 방식으로 해소하려는 경향이 있다.[1] 이러한 청소년의 자살행동은 "아동에서 성인으로 변화하는 과정에서 작용하는 생물학적, 심리적, 사회적 및 문화적 힘의 상호작용에서 일어나는 어려움의 결과"로 이해될 수 있다.[2]

학자들은 자살행동을 생각(ideation), 계획(plan), 시도(attempt) 및 실행(completion)으로 구분한다. 자살생각은 죽음에 대한 생각, 죽었으면 하는 바람 및 죽는 방법과 시간 등에 대한 생각을 포함하고, 자살의도는 유서 작성이나 소지품 처분, 사소한 자해행동 등을 포함하며, 자살시도는 명백하거나 매우 적은 실패 가능성을 수반하는 공공연한 위협과 다양한 정도의 자해로 끝나는 실제적인 자살시도(또는 준자살, parasuicide)를 말한다.[3] 즉, 자살생각이 반드시 자살시도라는 행위로 연결되거나 자살실행이라는 파괴적 결과로 귀착되는 것은 아니지만 자살생각의 수준이 높을수록 자살시도의 비율이 높아지는 경향이 있으므로 경미한 수준의 자살생각이라도 이후에 더 빈번하고 심각한 수준으로 발전되며 결국 자살시도로 연결될 수 있다[4]는 점에서 각별한 관심을 기울일 필요가 있다. 특히 실제로 자살을 시도한 청소년의 63%가 이전에 자살생각을 한 적이 있는 것으로 나타나[5] 자살생각과 자살시도 사이의 연결고리를 차단하는 것이 중요하다.

이에 이 책에서는 자살행동을 자살생각, 자살계획, 자살시도 및 자살실행 등

---

1 강미선(2007)

2 Garbarino(1985)

3 Reynolds(1988)

4 Beck, Kovacs, & Weissman(1979)

5 Bettes & Walker(1986)

4개의 차원을 포괄하는 개념으로 상정하고, 각각을 다음과 같이 정의하여 사용하기로 한다.

① **자살생각**(suicidal ideation): 죽음에 대한 일반적인 생각으로부터 자살하는 수단에 대한 생각까지를 포함하는 개념
② **자살계획**(suicidal plan): 자살생각을 넘어서는 행동적 차원을 포함하지만 자해행동에는 이르지 않은 유서 작성, 소지품 정리 및 서적이나 인터넷 등을 통한 자살 정보수집 등을 포함
③ **자살시도**(suicidal attempt): 고의적이고 실제적인 자해 등을 포함하는 개념
④ **자살실행**(suicidal completion): 실제적인 자살을 의미

행동적 차원에서 보면, 자살생각은 행동으로는 표출되지 않은 심리적 증상을 말하고, 자살계획은 자살에 관련된 행동의 표현은 있으나 자해에는 이르지 않은 것이며, 자살시도는 실제로 표출된 자해행동을 말한다.

2. 청소년 자살행동의 심각성

통계청이 발표한 '2014 청소년통계' 자료를 보면 청소년 사망원인 1위(2012년 기준)는 자살이었고 그다음으로 운수(교통)사고, 악성신생물(암) 등의 순이었다. 또한 지난 1년 동안 한 번이라도 자살하고 싶다는 생각을 해 본 적이 있다고 답한 청소년은 11.2%에 달했다. 즉, 청소년 10명 중 1명 이상이 자살에 대한 고민을 하고 있다는 것이다. 자살을 생각하게 되는 원인을 살펴보면 13~19세 청소년의 경우 학업성적 및 진학문제(39.2%)가 가장 높은 비중을 차지하고 있고 그다음으로 가정불화(16.9%), 경제적 어려움(16.7%), 외로움 · 고독(12.5%) 등의 순으로 나타났다.

이에 반해 20~24세 후기 청소년의 경우는 자살을 생각하게 되는 이유로 경제적

어려움(27.6%)을 가장 많이 꼽았고 그다음으로 직장 문제(18.7%), 외로움 · 고독(17.1%) 등을 언급하였다. 이 결과는 한국의 청소년들에게 있어 연령대별로 다소 차이가 있긴 하지만 학업성적, 진학문제 그리고 경제적인 어려움으로 인한 고통이 자살충동을 불러일으킬 수 있을 만큼 심각하며 특히 치열한 경쟁사회에서 낙오되지 않기 위해 준비하는 단계에 있는 청소년들이 정신적으로 상당히 취약할 수 있음을 시사한다. 문제는 이러한 고민이 있을 때 이를 얘기하는 대상이 주로 친구 · 동료들(44.5%)이고 부모라고 응답한 청소년은 24.0%에 그쳤을 뿐 아니라 혼자서 해결한다는 응답도 21.9%에 달했다는 점이다. 더욱이 정신건강전문가와 상담한다는 대답은 거의 없었다는 점에서 우려를 낳고 있다. 이는 한국 사회와 가정이 이러한 자살위기 청소년들에 대한 안전망을 제공하고 있지 못하고 있는 심각한 단면을 보여 주는 것이라 하겠다.

특히 심각한 점은, 2014년 건강관리공단 보고에 의하면 최근 4년 동안 청소년 자살시도 증가율이 1.6배였다는 것이다. 연구에 의하면 자살을 시도한 적이 있는 사람은 이러한 경험이 없는 사람들에 비해 이후 4년 이내에 다시 자살을 시도할 가능성이 30배나 높으며,[6] 최근 국내의 대학생을 대상으로 한 연구에서도 인구사회 변수(성별, 연령 등), 정신건강(생활기능, 우울수준), 심리사회적 문제(무망감, 진로문제, 성역할, 대인관계), 자살시도 경험 중 자살시도 경험이 자살 위험성을 높이는 가장 중요한 변인으로 나타났다.[7] 따라서 최근 청소년의 자살시도율이 높아지고 있는 현상을 간과해서는 안 되며, 이들의 자살행동과 관련되는 개인적 · 환경적 특성에 대한 보다 다각적이고 심층적인 이해가 절실히 필요한 시점이다.

6 Cooper, Kapur, Webb, Lawlor, Guthrie, Mackway-Jones, & Appleby(2005)

7 김정진(2009)

3. 청소년기 자살행동의 5가지 특징

청소년기는 다른 시기에 비해 신체적, 정신적 발달이 급격히 이루어지는 동시에 성인기를 준비하면서 부모와 사회의 높은 기대에 직면하는 시기이기도 하므로, 내외적 스트레스가 급증하고 정서적으로 불안정한 시기다. 따라서 일반 성인과 구별되는 청소년기 자살의 독특한 특징을 이해하는 것이 중요하다.

1) 청소년 자살시도의 대부분은 계획된 것이 아니라 충동적으로 일어난다

청소년기는 에너지가 넘치는 시기로서 인생의 다른 어떤 시기보다 특별히 더 자살과 같은 위험행동을 충동적으로 저지르는 경향이 있다.[8] 구체적인 자살계획이 없는 상태에서도 부모가 화가 나서 "나가 죽어라"라는 말을 했을 때 충동적으로 '좋아, 죽으라면 죽지, 내가 못 죽을 줄 알고?' 와 같은 반발과 함께 충동적으로 자살을 시도하는 경우를 심심치 않게 관찰할 수 있다. 즉, 청소년들이 보이는 자살시도는 현실도피적으로 문제를 해결하려는 충동적인 방식이라는 점을 기억할 필요가 있다.

2) 청소년기의 자살은 정신질환에서 유발된 경우보다 생활사건이나 스트레스로 인한 경우가 많다[9]

일례로 청소년을 대상으로 자살행동으로 이행되기 쉬운 우울증을 연구한 결과, 우울한 증상을 보이는 경우가 18%나 되었으나 실제로 임상적인 우울증으로 진단

---

8 박병금(2006)

9 하연희(2001)

받는 경우는 1.9%에 불과한 것으로 나타났다.[10] 이러한 현상은 청소년기 우울증의 특성이 성인의 우울증과 달리 발달단계상 나타나는 가변적 우울증상인 경우가 많다는 것을 의미한다.[11] 따라서 청소년의 자살을 예방하기 위해서는 단순히 임상적인 우울증 진단기준에 부합되는 경우만 선별해서 상담하는 접근보다는 다양한 생활사건에 걸쳐서 보이는 우울증상의 경우까지를 포괄할 필요가 있다.

3) 청소년의 자살은 정말로 죽고자 하는 의지를 나타내는 것이 아니라 자신의 심리적 고통을 극단적인 방법으로 표현하는 경우가 많다

즉, 청소년의 자살시도는 삶에 대한 완전한 포기보다는 가정 및 사회에 대한 감춰진 호소, 즉 "너무 힘드니 제발 좀 도와달라는 울음"이라는 것이다.[12] 따라서 청소년의 자살생각이 실제 자살로 이어지는 고리를 막기 위해서는 부모 및 교사교육을 통해 이러한 청소년들의 절규 신호를 탐지할 수 있는 민감성을 높이고 이러한 호소에 직면했을 때 취할 수 있는 대처방식에 대한 체계적인 절차를 확립하는 것이 중요하다.

4) 청소년기 자살은 평상시 유대관계를 깊게 갖고 있던 대상(예: 또래)과 동반자살을 시도한다는 특징이 있다[13]

청소년기에 가장 많은 시간을 보내는 또래와의 관계는 어느 시기보다 중요한 역할을 하며, 자살과 관련된 문제에서도 그 중요성이 부각되고 있다.[14] 청소년들

10 Kashani & Simonds(1979)
11 우선유(1999)
12 하상훈(2000)
13 남민(1997)
14 한국청소년상담원(2007)

은 다른 연령층에 비해 자신의 내적 자살동기보다 외적 요인의 영향을 많이 받으며 특히 동반자살을 감행하는 경우가 성인들보다 더 많다.[15] 최근에는 인터넷 자살사이트를 통해 알게 된 청소년들이 동반자살을 시도하고 점점 치사율이 높은 방법을 선택하는 경향이 있음에 주목해야 한다.

5) 청소년들은 판타지 소설류나 인터넷 게임 등의 영향으로 죽음에 대한 환상을 가지고 있으며 이 환상이 자살로 이어지는 경우가 많다

청소년들은 현실세계에서 강한 압력을 받을 때 죽음을 일종의 도피수단으로 보고, 자살을 선택함으로써 문제를 해결하려는 의존성을 보인다.[16] 특히 최근에는 인터넷 게임중독에 빠져 자살하는 사건이 계속적으로 늘어나고 있으며,[17] 인터넷 중독에 빠진 청소년들이 자살에 대해 생각하는 위험도가 그렇지 않은 청소년들에 비해 1.7배나 높은 것으로 보고됨으로써,[18] 이에 대해 각별한 관심을 요한다.

---

15 오승근(2006)

16 안황권(1999)

17 한국일보(2010.12.22.)

18 이윤희(2012)

02

청소년 자살행동 실제 사례 분석

1. 사례 분석 대상
2. 사례 분석 방법 및 절차
3. 사례 분석 결과

이 장에서는 자살행동을 보이는 실제 청소년 7명을 면담, 분석한 결과를 제시한다. 이 결과들은 청소년 자살행동의 원인과 특성에 대한 생생한 자료를 제공한다는 점에서 특히 중요하며 이 면담 결과를 바탕으로 이 책에서 제시하는 '청소년 자살행동 치료프로그램'이 개발되었다. 자살 예방프로그램이 실질적인 효과가 있기 위해서는 실제 청소년들의 자살행동에 대한 심층적인 이해가 필수적이며 이런 측면에서 이 장에서 제시하는 내용들은 비단 프로그램 개발의 토대일 뿐 아니라 추후 청소년 자살 관련 연구를 수행하는 연구자나 자살위기에 있는 청소년을 상담하는 치료자들에게도 유용한 자료가 될 것이다. 이 장에서 제시한 사례들은 이 책의 제1저자가 박사논문 연구를 수행하는 과정에서 청소년 본인의 동의를 얻고 수집한 자료들이며 이 책에서는 각 개인의 인적사항이 드러나지 않도록 최대한 일반화시키고 일부 예민한 내용은 수정하였다. 보다 자세한 내용은 제1저자의 박사논문을 참조하기 바란다.

1. 사례 분석 대상

청소년 자살행동에 관한 연구를 위해 각 중·고등학교의 전문상담사 및 전문상담교사에게 연구 동의를 얻고, 자살행동 중에 자살시도를 두 번 이상 경험하였으나 6개월간 자살행동을 하지 않은 학생을 추천받아 현재 주관적인 자살생각 정도가 100점 만점에 몇 점인지를 물어보고 10점 이하라고 보고한 7명을 최종 연구 참여자로 선정하였다. 참여자 개인의 신상 관련 정보를 최소화하기 위해 인적사항에 대한 내용은 생략하였으나 사례의 본질을 이해하는 데는 큰 문제가 없을 것이다. 다음 내용은 사례 분석에 참여한 청소년 7명의 상황을 요약한 것이다.

사례 1. 전문계고 1학년인 **긍정이**는 어릴 때부터 어려운 가정형편과 부모의 맞벌이 때문에 조부모가 부모 역할을 하며 키웠다. 초등학교 때부터 줄곧 혼자 지냈고, 초등학교 3학년부터 중학교 3학년까지 '왕따'를 경험하였다. 긍정이는 자신의 청결하지 못한 모습에 아빠가 엄마에게 화를 내고, 이 때문에 자신이 부부싸움의 원인이 되었다고 보고하였다. 긍정이는 아빠가 술을 먹고 오면 자신의 몸을 껴안거나 더듬으려는 행동이 너무 싫었고 안 씻으면 그런 행동이 줄어들 거라는 생각을 하였다. 부모 모두 긍정이에게 신체적 폭력과 언어적 폭력을 일삼았고 가정 폭력과 또래 사이의 외로움 때문에 자살생각을 하게 되었으며 손목을 긋고 약을 사 모아서 약을 먹는 등의 방법으로 자살시도를 하였다.

사례 2. 중학교 3학년인 **희망이**는 부모와 오빠가 있다. 희망이는 부모의 별거로 다섯 살 때부터 초등학교 3학년까지 집 근처 외할머니 집에서 지냈다. 초등학교 4학년이 되면서 별거하고 있던 아빠가 집으로 돌아왔으나, 그전까지 엄마는 가정 경제를 책임져야 했기 때문에 아침 일찍 나가서 저녁에 들어오곤 했다. 희망이는 공부 잘하는 오빠와 늘 비교당하기 일쑤였고 설거지와 모든 집안일을 해야만 했다. 아빠와 오빠는 다혈질적인 성격으로 희망이에게 화풀이를 했으며 고분고분하지 않을 때면 심하게 때렸다. 그럴 때마다 희망이는 절대로 눈물을 보이지 않으려고 했으며 지지 않으려고 대들고 자신의 의사를 밝혔으며 '아빠나 오빠가 죽거나 아니면 내가 죽거나'라는 심정으로 대항했다. 학교에서 남자 선배에게 성폭행을 당하는 일이 발생했고 이로 인해 우울감에 빠지게 되었으며 희망이는 손목을 깊게 그어 1차로 자살을 시도하였다. 이후 가방 끈이 떨어져 가방을 사 달라고 하는 자신을 엄마가 의심하며 오빠와 비교하는 모습에 화가 나서 다량의 약과 함께 손목도 같이 그어 두 번째 자살을 시도하였다.

사례 3. 중학교 3학년인 **사랑이**는 부모와 동생이 있다. 경제적인 어려움으로 부모가 자주 다투었고 그때마다 엄마는 '너한테 청춘을 다 바쳤다. 20대의 추억도 없고, 너 때문에 인생이 꼬였다' 라는 말을 자주 하면서 사랑이를 원망했다. 그 모습을 보면서 사랑이는 죽고 싶다는 생각을 많이 했다. 아빠의 잦은 이직으로 전학을 자주 하게 되어 친구를 사귀지 못했으며 친구들의 눈치를 많이 보기 시작했다. 자살시도를 처음 한 것은 초등학교 5학년 때로 부모의 다툼 때문이었다. 그 이후로 50번 정도 손목을 긋는 방식으로 자해를 시도하였다. 그 과정에서 중학교에서 사귄 친구와 함께 자해를 하기도 했다.

사례 4. 전문계고 1학년인 **관심이**는 부모 및 초등학교 여동생과 산다. 아빠가 늘 자신에게 부정적인 말과 트집만 잡는다며 아빠와의 관계를 힘들어 했다. 초등학교 저학년 때부터 학교에서 왕따를 당하였고 친구문제로 많이 힘들었는데, 이 문제가 초등학교 6학년과 중학교 예비고사 때를 기점으로 폭발하여 비행에 빠지게 되었다. 학교에서 노는 아이들로부터 집단 폭행을 당하고 나서 늘 혼자 생활하고 친구들과 어울리지 못했다. 자신을 알아주지 않고 관심을 주지 않는 부모로 인해 '이렇게 살아야 하나' 하며 자살생각을 여러 번 하였고 손목을 긋고 창문에서 뛰어내리려고 하였으며, 한밤중에 온몸에 붕대를 감고 다니면서 교통사고를 당해 죽으려고 하는 등 자살을 여러 번 시도하였다.

사례 5. 중학교 2학년인 **나래**는 부모와 외국에서 공부하는 오빠와 고등학생 언니, 여동생이 있다. 유아 시절을 외국에서 자유롭게 보내다가 초등학교 때 한국으로 들어왔고 학교 숙제가 너무 많아서 새벽까지 숙제 하고 엄마에게 혼나면서 처음 죽고 싶다는 생각을 하게 되었다. 엄마에게 힘들다고 말한 적이 있는데 그게 힘들면 죽을 때까지 맞아 보라며 엄마가 심하게 때려서 그 뒤로는 엄마에게 힘들다는 것을 내색할 수 없었다. 초등학교 3학년 때 일반학교로 전학 왔는데 평범한 아이들보다 개성이 강하고 독특한 자신을 아이들이 다르다고 놀리고 심하게 따돌리기 시작했다. 아이들이 옆에 오지도 않으려고 하고 자신이 만진 물건은 손대지 않으려고 할 때 너무 죽고 싶었다. 게다가 집에서는 공부에 대한 기대와 생활에 통제가 많기 때문에 스트레스를 많이 받았고, 이에 방 창문이나 옥상에 올라가 뛰어내리려고 했는데 떨어지면 아플 것 같아서 실제로 행동으로는 옮기지 않았다.

사례 6. 고등학교 2학년인 **믿음이**는 엄마와 남동생이 있다. 아빠는 초등학교 때 뇌수술을 한 후 언어가 어눌하고 직장생활에서 쌓인 짜증을 가족들에게 풀었고 이로 인해 초등학교 때는 부모 간의 싸움이 심했다. 또한 농구를 잘하는 동생과 비교될 때마다 위축되고 더 잘해야겠다는 생각과 함께 힘든 일에 대해서는 집에서 말을 하지 않았다. 초등학교 때 방과 후 집에 가는 길에 골목길의 건물 옥상 앞에서 남자 어른에게 성추행을 당했으나 아무에게도 말하지 못한 외상경험을 겪은 이후 사람에 대한 믿음을 잃었다. 중학교에서는 방관자로 여기저기 기웃거리면서 소외감을 많이 느꼈고 신경성 복통을 자주 겪어 양호실 출입과 조퇴가 많아서 아이들로부터 '저렇게 조퇴할 거면 죽는 게 낫지 않나' 라는 얘기를 들었지만 아무 말도 못하고 마음속에 감정이 폭발할 때마다 자살시도로 손목을 긋기 시작했다.

사례 7. 고등학교 2학년인 **예술이**는 부모와 누나가 있다. 스트레스를 받거나 몸이 안 좋으면 몇 달씩 가는 예민한 성격의 소유자다. 고등학교 1학년 때 반 친구들과 안 좋았던 일 때문에 자살생각이나 자해를 했고 이를 다른 친구들이 알고 있다는 사실에 대해 계속 신경 쓰고 있다. 싫고 좋은 것이 분명한 성격이라 아이들과 잘 어울리지 못하였고 자신만의 독특한 취미나 특징으로 인해 아이들이 질문을 많이 하면 자신에게는 말할 틈을 주지 않고 입을 막는다고 받아들이며 그때마다 심한 두통을 호소하였다. 부모가 격려로 하는 말인데도 잔소리로 들려서 짜증나고 이것이 계속 풀리지 않고 쌓여서 손목을 긋고 옥상에 올라가는 등의 자살행동을 보였다.

2. 사례 분석 방법 및 절차

청소년이 경험하는 자살행동의 원인, 특징 및 회복경험을 확인하기 위해, 자살시도 경험이 있는 청소년들을 대상으로 심층 면담을 실시하고, 이를 Hill, Thompson과 Williams(1997)의 합의적 질적 연구방법(Consensual Qualitative Research: CQR)을 사용하여 분석하였다. CQR은 자료에서 결론이 추론되는 귀납적 연구방법으로, 연구 결과의 신뢰성과 타당성 구축을 위해 연구자를 포함한 3명 이상의 평정자와 1명 이상의 감수자가 전 과정에 참여하여 합의적으로 결과를 추론하고 이를 토대로 한 이론을 도출하게 되며[1], 따라서 연구자 혼자 연구를 수행할 때 발생되는 객관성의 결여 문제를 극복할 수 있다는 장점이 있다.

자료 준비는 총 7명의 청소년 자살행동에 대한 심층 면담을 통해 얻은 자료에서 사적인 인적사항과 관련된 부분을 삭제하고 축어록을 만든 뒤 먼저 각 참여자에게 타당성을 확인하도록 하여, 참여자의 수정 가감 의견에 따라 수정된 축어록을 준비함으로써 이루어진다.

'영역(Domain) 코딩' 의 과정은 7개의 축어록에 대해서 유사한 내용들을 묶어서 각 영역을 도출하는 과정이다. 평정자들은 주어진 축어록에 대해서 미리 개별적으로 자료를 검토하고 적절한 영역에 분류한 후 각 평정자들 간의 일치와 불일치를 확인하고 합의하는 과정을 거쳐서 가장 적합한 영역을 결정하였다.

원자료를 더 간결한 중심개념으로 요약하는 과정인 '중심개념 코딩' 은 영역 코딩과 마찬가지로 각 평정자들이 미리 개별적으로 중심개념을 개발한 다음, 4명의 평정자가 함께 모여 일치와 불일치를 확인하고 합의하였다.

감수과정 1에서는 평정자들이 생성한 영역과 중심개념들에 대해서 감수자가 각 영역이 잘 나누어졌는지, 중심개념이 잘 표현되었고 원자료를 잘 반영하였는지에

1 Hill et al.(2005)

대해 검토한 후 수정 내용에 대해서 연구자에게 피드백을 해 주었다. 감수자가 피드백을 해 준 부분은 평정자들과 다시 합의를 거쳐 연구에 반영하였다.

교차분석(Cross-Analysis)에서 각 영역에 대한 중심개념들을 범주화하기 위해 각 영역에서 사례 간 유사성이 있는지를 확인하고 Hill 등(1997)의 제안에 따라, 모든 사례에서 동일한 내용을 보고하는 것을 일반적(General) 범주, 50% 이상인 4~6사례에 해당하는 경우는 전형적(Typical) 범주, 50% 미만인 2~3사례에 해당하는 경우는 변동적(Variant) 범주로 분류하였고, 한 사례에서만 나타나는 것은 예외적인 사례로 결과에서 제외하였다.

끝으로 감수과정 2에서 평정자들이 총 7사례에 대해서 교차분석한 결과를 감수자가 면밀히 검토하고 제공한 피드백의 내용 중 평정팀의 결과와 불일치한 부분은 평정팀이 다시 논의하고 합의하였다.

3. 사례 분석 결과

자료수집 및 분석 절차에 따라 최종적으로 청소년들의 자살행동 및 극복경험에 대해 '성격 및 특징' '부정적 생활경험' '문제 대처방식' '자살생각 경험' '자살시도 전과 후의 변화' '극복경험' 등 총 6개의 주제가 도출되었다. 각 주제에 따른 영역은 다음과 같다.

1) '자살행동 청소년의 성격 및 특징' 주제 – 성격, 특징 등 2개의 영역
2) '부정적 생활경험' 주제 – 가족으로 인한 상처, 친구관계의 어려움, 학교에서의 갈등, 스트레스 상황 등 4개의 영역
3) '문제 대처방식' 주제 – 변화 시도, 혼자 견딤 등 2개의 영역
4) '자살생각 경험' 주제 – 무가치함으로 인한 고통, 관계 차원의 고통, 행동실행의 갈등 등 3개의 영역
5) '자살시도 전과 후의 변화' 주제 – 자살시도 동기, 자살시도 전 감정, 자살시

도 후 부정적 감정, 자살시도 후 깨달음 등 4개의 영역
6) '극복경험' 주제 - 적극적으로 행동 변화 실천, 지원체제를 통한 극복, 상황에 대한 관점 변화, 자기성장을 통한 극복 등 4개의 영역

최종 분석 결과를 〈표 2-1〉로 정리하였고, 각 주제별로 그 구체적인 내용을 제시하였다.

〈표 2-1〉 청소년의 자살행동 및 극복경험에 대한 분석 결과

주제	영역	범주	응답빈도
1. 자살행동 청소년의 성격 및 특징	1-1. 성격	감정기복이 심함	전형적(4)
		환경에 의해 성격이 변함	변동적(3)
	1-2. 특징	남들과 다르다고 인식	일반적(7)
		자신감이 없고 소심함	전형적(6)
		자기표현을 못함	전형적(5)
		눈치 봄	전형적(5)
2. 자살행동 청소년의 부정적 생활경험	2-1. 가족으로 인한 상처	부모 사이의 갈등	전형적(5)
		힘들 때 내 편이 되어 주지 않는 부모	전형적(5)
		부모로부터의 폭력	전형적(5)
		부모에 대한 불신	변동적(3)
		형제간의 갈등 및 폭력	변동적(3)
		가족의 질병 및 사망	변동적(3)
	2-2. 친구관계의 어려움	마음을 터놓을 친구가 없음	일반적(7)
		집단 따돌림	일반적(7)
		친구 사귀는 법을 모름	변동적(2)
	2-3. 학교에서의 갈등	교사와의 갈등	전형적(4)
		상급생의 집단 괴롭힘	변동적(2)

	2-4. 스트레스 상황	학업스트레스	전형적(4)
		성폭행 및 성추행	전형적(4)
3. 자살행동 청소년의 문제 대처 방식	3-1. 변화 시도	힘든 상황을 얘기함	전형적(4)
		환경 변화를 위해 노력	변동적(3)
		새로운 행동 시도	변동적(2)
	3-2. 혼자 견딤	혼자 전전긍긍	일반적(7)
		문제 상황 회피	전형적(6)
		혼자 울며 감정 달램	전형적(6)
4. 자살행동 청소년의 자살생각 경험	4-1. 무가치함으로 인한 고통	나는 필요 없는 존재	전형적(6)
		미래에 대한 희망 상실	변동적(3)
	4-2. 관계 차원의 고통	복수심	일반적(7)
		나의 죽음이 주위 사람의 행복	전형적(5)
		이해받지 못함	전형적(4)
		주변의 죽음	변동적(2)
	4-3. 행동실행의 갈등	자살이 유일한 선택	일반적(7)
		자살에 대한 갈등	전형적(5)
		조절되지 않는 자살충동	전형적(5)
		자살생각을 떨치려는 노력	전형적(5)
		남에게 도움을 요청	변동적(3)
5. 자살행동 청소년의 자살시도 전과 후의 변화	5-1. 자살시도 동기	고통을 잊기 위해 시도	일반적(7)
		충동적으로 자살시도	전형적(4)
	5-2. 자살시도 전 감정	우울	일반적(7)
		분노	전형적(6)
		혼란(망설임)	전형적(6)
		한심함	전형적(5)
		슬픔	전형적(4)
		외로움	변동적(2)
		아무 생각 없이 멍함	변동적(2)

	5-3. 자살시도 후 부정적 감정	시도한 것에 대한 후회	일반적(7)
		마음 아픔과 미안함	전형적(4)
		타인 시선에 눈치 보임	전형적(4)
		살아 있음에 짜증남	변동적(3)
	5-4. 자살시도 후 깨달음	삶의 긍정성 지각	전형적(5)
		감정 해소	전형적(5)
		감사함	변동적(3)
6. 자살행동 청소년의 자살시도 극복경험	6-1. 적극적으로 행동 변화 실천	적극적으로 변화하려고 노력	일반적(7)
		적극적으로 관계 맺기	변동적(3)
		타인 돕기	변동적(3)
	6-2. 지원체제를 통한 극복	가족의 지지와 관심	일반적(7)
		원만한 친구관계 형성	일반적(7)
		교사의 도움	전형적(5)
		종교로부터 보호와 지지	전형적(4)
	6-3. 상황에 대한 관점 변화	생각의 관점 변화	일반적(7)
		가족에 대한 이해와 수용	변동적(3)
	6-4. 자기성장을 통한 극복	미래에 대한 희망	전형적(6)
		자기 수용	전형적(4)
		자기 긍정성 회복	전형적(4)

주. 일반적: 모든 사례에서 나타남/ 전형적: 50% 이상에서 나타남/ 변동적: 50% 미만~2사례에서 나타남.

이하에서 각 주제별로 도출된 영역에 대한 주요 내용을 자살위기 청소년들의 실제 반응과 함께 설명하기로 한다. 앞과 마찬가지로 연구 참여자들의 반응 중 예민한 부분은 그 특징을 이해할 수 있는 수준에서 요약하였음을 밝혀 둔다.

1) 자살행동 청소년의 성격 및 특징

자살행동 청소년이 지각하는 모습은 성격과 특징 영역으로 나눠지는데, 주로 감정기복이 심하고 충동적이며 스스로 자신의 감정이나 의사를 적절하게 표현하지 못하고 타인의 눈치를 보는 등, 낮은 자존감을 특징으로 하고 있다.

1-1. 자살행동 청소년의 성격

「성격」에서는 '감정기복이 심함' 이 4사례(전형적), '환경에 의해 성격이 변함' 이 3사례(변동적)였다.

자살행동 청소년은 힘들 때 이를 적절하게 표현하지 못하고 참았다가 폭발적으로 감정을 표현하여 '감정기복이 큼', '활발하지만 화날 때 차갑고 무뚝뚝' 하여 '감정기복이 심함' 의 특성을 보이는 것으로 나타났다.

> 좋을 때는 무척 좋고 안 좋을 때는 되게 안 좋아요. 안 좋다는 의미가 스트레스 받거나 몸이 안 좋으면 안 좋은 기억이 길게는 몇 달 가요. 안 좋은 기억이 그대로 묻어 와서 몇 달 가요. 스트레스 쌓이면 그때 그 기억이 그대로 계속 생각나요…… 좋을 때는 그 순간만 무지 좋고요. (사례 7)
>
> 열 받아서 못 참겠고 참고 있다가 걔가 먼저 때리면 나도 무조건 때렸어요. 그냥 너 죽고 나 죽자, 어차피 쪽 팔리는 짓은 안 해야겠다, 그게 지면 쪽 팔리니깐. (사례 2)

본인 스스로도 "성격이 달라졌다고 지각함", "평범했으나 중학교 와서 성격이 변함" 등으로 표현하였으며 '환경에 의해 성격이 변함' 으로 요약되는 것처럼 주위 사람들에게 다혈질적이고 까칠한 성격이라는 말을 자주 들으면서 자신에 대한 부정적인 이미지를 키워 가는 경향이 있었다(다음 반응 참조).

초등학교 때는 평범했어요. 책 읽고 술래잡기하는 아이였어요. 중학교 때는 애들이 안 보였어요. 혼자 있는 아이. 그냥 머리로 얼굴을 가리고 다녔어요. 화장실 가는 척하고…… 애들이 올려고 하면 놀릴까 봐 피하고 위축됐어요. 착한 애들인데도 모두 나쁜 애들로 지각됐어요. 밥 먹자고 했는데도 피해 다녔어요. 중2 때 항상 혼자 먹고. 숟가락 젓가락 떨어져도 엮구리 쿡쿡 찌를 것 같았어요. 저한테 다가와 준 애들도 있었어요. 근데 제가 겁이 나서 도망 다니고 밥도 안 먹고 그랬어요. (사례 4)

원래 성격은 자유롭고요, 진짜 친구들하고 별의 별짓을 다 하고 돌아다니거든요. 그러니깐 남들이 가만히 있지를 못한다고 하거든요. 한국 학교에 오니깐 애들이요, 처음에 남학생들은 이상하다고 놀리고 친구 없어서 놀리고요, 여학생들은 의외로 이용했다가 버리는 그런…… 필요할 때는 들러붙다가, 또 그런 걸 다 이용했다 싶으면 바로 버려 버리는 그런 거예요. 저는 티 안 내려고 가만히 있었어요. 조용한 아이로 변해야 된다고 생각했어요. (사례 5)

1-2. 자살행동 청소년의 특징

「특징」에서는 '남들과 다르다고 인식' 이 7사례(일반적)로 가장 많았고, '자신감이 없고 소심함' 이 6사례(전형적), '자기표현을 못함' 이 5사례(전형적)와 '눈치봄' 이 5사례(전형적) 순으로 나타났다.

자살행동을 보이는 청소년들이 '남들과 다르다고 인식' 할 때는 "여자임에도 불구하고 남자처럼 잘 생겼다고 생각" "어른스럽고 보수적이어서 친구와 다르게 인식" 등의 경우로 구체적인 사례는 다음과 같다.

남들이 겉으로 봐서는 강해 보이는데 속으로 좀 소심한 편 그런 식으로 보고요. 겉으로는 운동 잘할 거 같은데…… 실제로는 운동 잘하지 못해요. 그런 게 남들하고 많이 다른 거 같아요. 이중적이라고 해야 될까……. (사례 7)

또래 여학생하고 다른 것 같기도 하고…… (중략) 여학생들은 조용한데 저는 참지 못하고 불의를 보면 무조건 싸웠어요. (사례 2)

"자신감이 없고 용기 없음" "낮은 자존감" "불만을 표현하지 못함" "스트레스를 받으면 그 영향이 오래 감" 에서 '자신감이 없고 소심함' 을 엿볼 수 있다.

> 옛날에는…… 중학교 때까지 나는 필요 없는 사람이구나, 가치도 능력도 없는 사람이구나라고 생각했어요. 소극적, 뭐 하나 잘하는 거나 장점이 없어요. 단점은 키 작고 못생겼고…… 자신감이 없고 용기가 없었어요. (사례 1)

또한 자살행동을 보이는 청소년은 '자기표현을 못함' 을 특징으로 하는데 "매사에 부모님께 순종함" "착하고 반항하지 않는 성격" "불만을 표현하지 못함" 등으로 나타났고, '눈치 봄' 은 "친구들과 멀어질까 봐 자기 얘기를 하지 않음" "타인에게 눈치를 보고 자신을 맞춤" 등에서 알 수 있듯이 타인의 눈치를 살피고 자기표현을 제대로 못해서 자신은 부족한 사람이라는 상을 가지고 위축된 모습을 보이고 있었다.

> 착하고 봉사정신이 많은 거 같다고 친구들이 얘기한다…… 병원 간다고 늦게 왔을 때 딱 지나가는데 동물이 버려져 있는 걸 보고 병원까지 데리고 가서 치료해 줬다. 병원에서 무료로 해 줬다. 나는 착한 애다. 엄마가 계속 그런 말을 인식시켜 주고 너는 착해야 되고 밝아야 된다고…… (중략) 욕도 안 하고 저는 반항을 전혀 안 했다. 조용히 있는 애였다. (사례 4)
>
> 제가 엄마한테 맞을 때는 제가 잘못했기 때문이라고 생각했어요. 심하다고는 생각했는데 그렇게 심한지는 몰랐어요. 다른 친구들하고 비교도 안 했어요. 순종하면서 그냥 살았어요. (사례 3)
>
> 그냥 어떤 거를 시도해 보고 싶었는데, 뭔가 실패할 것 같았어요. 이건 사람들이 싫어할 것 같다, 뭐 안 좋게 볼 것 같다, 이런 생각하면서…… (중략) 대하는 사람이나 환경이나 분위기에 따라서 성격이 싹 다 바뀌어요. 아, 내가 사람에 따라서 성격이 바뀌니까…… 다른 사람에 대해서 너무 맞춰 가는 거 아닌가 하고……. (사례 6)

> 얘기를 잘 안 하는 편이고 들어 주는 편이고 제 이야기는 그냥 안 해요. 얘기 하고 싶을 때도 아무한테도 안 해요. 제 얘기 하면 불쌍해 보이고 안됐다고 생각 하면서 다른 친구들과 달라서 멀어질까 봐……. (사례 1)

2) 자살행동 청소년의 부정적 생활경험

부정적 생활경험은 가족으로 인한 상처, 친구관계의 어려움, 학교에서의 갈등 및 스트레스 상황 등 4개의 영역으로 나타났다. 이것은 자살행동을 보이는 청소년들이 가족, 친구관계, 교사 등의 여러 관계에서 부정적 경험을 겪을 뿐만 아니라 학업 스트레스 및 성폭력 등 다양한 부정적 환경에 노출되어 있기 때문에 고통을 경험하고 있음을 의미한다.

2-1. 가족으로 인한 상처

「가족으로 인한 상처」에서는 '부모 사이의 갈등' '힘들 때 내 편이 되어 주지 않는 부모' '부모로부터의 폭력' 이 각각 5사례(전형적)로 많이 나타났고, '부모에 대한 불신' '형제간의 갈등 및 폭력' '가족의 질병 및 사망' 이 각각 3사례(변동적)로 나타났다.

'부모 사이의 갈등' 에 해당하는 반응 예로는 "경제적 이유로 부모 사이의 심한 갈등" "자신의 문제 때문에 부모가 심하게 싸움" "뇌수술 후 스트레스를 받는 아버지와 이를 받아주다 지친 어머니 사이의 싸움" 등이 있었으며, 구체적인 사례는 다음과 같다.

> 부모님이 맨날 싸워요. 초등학교 5학년 때부터. 초등학교 5학년 때부터 맨날 돈 문제로 싸웠어요. T시에 있는 조선소 다니는데요, 월급이 몇 달째 안 나오는 거예요. 한 1년 가까이? 안 나와 가지고요, 없다면서요. 엄마가 뭐라 하고요. (사례 3)

아버지와 어머니는 일주일에 서너 번 이상 싸웠어요. 아버지가 엄마를 때리기도 했고 집에 있는 물건을 던졌어요. 엄마는 아빠와 싸우면서도 싸움의 원인이 나 때문이라고 하면서 걸고 넘어졌어요. (사례 1)

또한 "폭력적인 아버지로부터 보호해 주지 않은 어머니에 대한 서운함" "괴롭힘에 반항하지 않는 자신을 비난하고 차갑게 대하는 아버지" "자기편이 아니라 중립적인 입장에서 얘기하는 아버지에 대한 섭섭함"으로 인하여 '힘들 때 내 편이 되어 주지 않은 부모'에 대한 부정적인 경험을 보고하였다.

아버지는 그런 짓 하면 절대 안 된다. 그때 그 상황에서 네 탓도 있다고 했어요. 저번에 아버지가 한번 밤늦게 얘기하다가 자꾸 말싸움하다가, 이렇게 된 이유를 두고 네가 이러니까 다 네 탓이라고 얘기했어요. 그래서 제가 아버지한테 아버지는 제 편이예요, 그쪽 편이예요? 근데 왜 중립적인 말을 해요? 그래 나 중립이다. 그때 또 싸우고 그래 가지고…… 그때는 다 안 좋았어요…… 학교, 집하고 별로 안 좋았어요. 집은 최대한 저를 도와줄라 해서 아버지가 말씀을 좀 그렇게 해서 화를 낸 적도 있고요. (사례 7)

"부모님의 폭력 및 괴롭힘" "아버지와의 갈등 및 폭력" "화나면 욕하고 심하게 때리는 어머니"로 인하여 '부모로부터의 폭력'을 경험하고, 이로 인하여 '부모에 대한 불신'을 경험함으로써 많이 힘들어 함을 다음의 사례를 통하여 확인할 수 있다.

엄하게 대하세요. 관심을 안 가져 주는 게 편해요. 너무 힘든 거예요. 잔소리는 대부분 아버지가 하고, 엄마가 저녁에 집에 들어오면 나에게 퍼부어 대요. 숙제가 너무 많았기 때문에 새벽 3시까지 그 공부하고, 엄마한테 맞아 가면서 별의별 거 다 하면서. (사례 5)

아빠가 화내서 좀 심하게 대들었는데 욕하면서 아빠가 뺨을 때렸어요. 머리채

> 잡고, 다른 방 가서 청소하는 거 뒤에 있는 막대를 빼 가지고 막 때렸어요. 열 받으니깐 소리 지르고, 막……. (사례 2)

「형제간의 갈등 및 폭력」은 "일방적으로 말만 하면 때리는 오빠" "원만하지 않은 관계의 동생"을 통해 확인할 수 있었고, "사랑하는 할머니의 죽음" "불치병에 걸린 아버지" "뇌수술 후유증의 아버지" 등의 경험을 통해 '가족의 질병 및 사망'으로 힘들어 함을 알 수 있다.

> 동생과 전에는 말 안 하고 지냈어요. 사촌동생들하고 얘기 많이 하고 동생하고는 아예 말 안 했어요. 열 살 때부터 말을 안 하게 됐어요. (사례 4)
>
> 초4 때 오빠야가 TV 같은 거 못 보게 하고, 자기가 다 일방적으로…… 너무 막, 말만 하면 때렸어요. 리모컨 달라고 성질내면 때렸어요. 발로 차고…… 그냥 계속 맞고 또 맞았어요. (사례 2)

2-2. 친구관계의 어려움

「친구관계의 어려움」에서는 '마음을 터놓을 친구가 없음'이 7사례(일반적)로 가장 많았고, '집단 따돌림'이 7사례(일반적), '친구 사귀는 법을 모름'이 2사례(변동적) 순으로 나타났다. '마음을 터놓을 친구가 없음'과 '집단 따돌림'은 7사례 모두에서 나타나 청소년 시기에 친구관계가 특히 중요함을 알 수 있다.

"자기편이 되어 준 친구가 한 명도 없음" "친구의 위로가 도움이 안 돼 얘기하고 싶지 않음" "친구한테 당할 때 아무도 자신이 힘든 걸 모름" 등에서 '마음을 터놓을 친구가 없음'을 확인할 수 있었다. 구체적인 사례는 다음과 같다.

그때는 너무 힘들었어요. 견디기가 힘들었어요. 친구도 없고 부모님한테 무시당하고. 아무도 단 한 명도 내 편이 되어 준 사람이 없었어요. (사례 1)

일단 친구가 없으면요…… 다른 애들이 저를 팀에 넣어서 활동할 때가 많은데, 그때 낄 곳이 없어가지고요, 선생님이 저를 끼워 주시지 않으면 들어갈 곳이 없는 거예요. 그래가지고, 혼자 이렇게 다른 애들이랑 하면서 있고, 외롭고 힘들어하니깐…… (중략) 맨날 뭐 제가 좋아하는 책 읽고 하니깐 다른 데에 정신을 팔아보기도 하고. 가만히 있다가 집에 오니까 너무 싫었어요. 학교가…… (사례 5)

제가 있으니까 애들이 꺼려 하는 게 있어요. 말로 사람을 되게 많이 깔 때요. 제가 무슨 말을 하려니까 한 명이 얘기하고 또 말을 하려니까 다른 한 명이 얘기하고…… 제가 말을 못하게 막 입을 막는 거 있잖아요…… 그래서 말할 사람이 아무도 없었어요. (사례 7)

'집단 따돌림' 경험은 "초등학교 때 거의 반 전체가 (내가) 못생겼다고 괴롭힘" "친구들의 놀림이나 폭언으로 신뢰감 상실" "초등학교 때 애들이 은근히 따돌린 경험" "집단 따돌림으로 중학교 내내 혼자 지냄" 등의 응답에서 드러났다. 자살행동을 보이는 청소년들이 친구들 사이에 집단으로 따돌림까지 받게 되면 그 고통은 증가하게 된다.

중학교 3년 동안 혼자 밥 먹으러 가고 혼자 화장실 가고…… 그리고 체육 할 때도 아프다고 핑계 대고 계속 안 했다…… (중략) 친구한테 조금씩 다녔다. 친구한테 피해 안 줄라고 조금씩. 근데 애들이 알고 저 ×× 또 왔다고 욕했다. 화장실 갈 때도 혼자 가고 체육시간에는 전혀 참여를 안 했다. 배 아프다고…… (사례 4)

거의 반 전체가…… 3학년 때 괴롭혔고요. 때리고 협박하고…… 그리고 제가요. 못생기고 그랬다고요. 괴롭히고……못생겼다고 물 뿌렸어요. (사례 5)

2-3. 학교에서의 갈등

「학교에서의 갈등」에서는 '교사와의 갈등' 이 4사례(전형적), '상급생의 집단 괴롭힘' 이 2사례(변동적) 순으로 나타났다.

자살행동 청소년들은 "학원 선생님이 미워하고 공개적으로 무시함" "집단 따돌림의 원인으로 자신을 비난하는 선생님으로부터 받은 충격과 상처" "선생님과의 갈등" 을 겪고 있었다. 심리적 어려움 속에 허우적거리고 있는 자살행동 청소년들에게 학업 성취를 요구하고 공동체 생활의 규칙준수를 원하는 교사와의 갈등은 어쩌면 당연한 결과라고 할 수 있다.

> 선생님이 복도에서 계속 무릎 꿇고 있게 하고…… 아무 말도 안 했는데요. 1학년 때 처음에 선생님들과 사이가 진짜 안 좋았어요. 사고 치고 그래가지고…… 여자애들하고 싸우고 금품 갈취하고…… 선생님이 때리고……. (사례 2)
>
> 몇몇 선생님이 가만히 왜 있었냐고 말해서 충격을 받았어요. 올라오라고 하더니 각서를 쓰라는 거예요. '얘들이 놀리면 가만히 있지 않겠습니다.' 라고…… (중략) 나중에 선생님한테 올라가서 그 종이 버리라고 했는데 너는 이런 짓 당할 만한 아이니까 두고 본다고 말해서 이해가 안 가고…… 그 얘기 듣고 다시 학생부 가는 것도 쉽지 않았어요. '또 당했나' 라고 생각할까 봐……. (사례 4)

또한 학교생활에서 같은 학년의 친구들뿐만 아니라 '상급생의 집단 괴롭힘' 도 보고되었다.

> 2학년 1학기 초에 선배가 갑자기 와서 '경찰 딸 어디 있는데? 왜 이렇게 싸가지 없는데' …… 며칠 뒤 또 와서 '너 내 동생 자꾸 괴롭힐래?'라고 하며 의자를 던졌어요. 그 동생이라는 아이는 2학년 때는 다른 반인데 1학년 때 주동해서 나를 괴롭혔어요. 책도 버리고 선물 받은 필통도 버리고 식판 엎어서 주워 먹어라, 나는 그때 안 주울 거다, 니들이 치워라……. (사례 4)

2-4. 스트레스 상황

「스트레스 상황」 유목에서는 '학업스트레스' 가 4사례(전형적), '성폭행 및 성추행' 이 4사례(전형적)로 나타났다. 청소년기는 학업 성취라는 발달과제를 안고 있기 때문에 심리적인 어려움이 있는 상황에서는 집중이 안 되어 '학업스트레스' 가 상승하여 이중 고통을 겪고 있었다.

"학업성적에 대한 스트레스" "엄마가 공부를 많이 시키고 새벽까지 숙제를 한 것" "남들은 앞에 가는데 나는 뒤처지는 것에 대한 스트레스" 등으로 응답하였으며 다음 사례를 통해 자세히 살펴볼 수 있다.

> 초등학교 1학년 때…… 화교 학교가 진짜 빡세거든요. 들어가자마자 공부 너무 많이 시키고. 숙제가 진짜 많았기 때문에 새벽 3시까지 그 공부하고, 엄마한테 맞아 가면서 별의 별거 다 하면서. 새벽 4시, 그때 깰 때가 있어요, 숙제를 다 못하면. 새벽 4시에 가요……. (사례 5)
>
> 내가 제일 잘해야 한다. 이러면서 성적 나오면 애들보다 못하는 거…… (중략) 애들 진짜 나보다 잘 쓰는데…… 애들 다 잘 쓰면 어떡하나. 내가 제일 못 썼으면 어쩌나. 이러면서 그런 거에 대해서 스트레스를 많이 받았어요. (사례 6)

또한 자존감이 낮고 자신의 의사를 표현하지 못하는 자살행동을 보이는 청소년들은 성폭행 및 성추행 환경에 노출되어 있는 경우가 있어 갈등이 증폭되는 원인이 되기도 한다. "술 드시면 만지고 안으려고 하고 거부하면 폭력을 휘두르는 아버지" 도 있었고, "학원 오빠 친구들이 야한 문자를 계속 보내서 짜증남" 을 경험하기도 하였으며, 이로 인하여 "사람에 대한 불신" 이 쌓일 수밖에 없었다. 다음의 사례의 예를 보면 자살행동을 보이는 청소년들이 '성폭행 및 성추행' 으로 인해 겪고 있는 고통을 알 수 있다.

초등학교 2학년 때 성추행을 당했어요…… 아직도 그 아저씨 인상착의가 기억 나거든요…… 그래서 아직도 길거리 지나가다가 파란 마스크만 보면 그 아저씨 생각나서 눈물 나요. 혼자서는 골목을 잘 못 가요. (사례 6)

초등학교 5학년…… 처음에는 장난으로 받아주면서 친한 오빠가 됐는데 제 번호하고 이름을 친구들한테 싹 다 보낸 거예요. 그 오빠 친구들이 이상한 문자를 막 보낸 거예요. 야한 문자 '……××……넣어 봤냐?'. '아니' 라고 했는데 거짓말하지 말라고…… (중략) 그 다음날부터 계속 장난이 시작되는 거예요. 그게 초등학교 6학년부터 계속됐어요. (사례 3)

3) 자살행동 청소년의 문제 대처방식

자살행동 청소년의 문제 대처방식은 '변화 시도' 와 '혼자 견딤' 으로 나눠지는데 자살행동 청소년들은 문제를 해결하기 위해 문제 해결 중심의 적극적인 노력을 하기보다는 혼자서 문제를 끌어안고 전전긍긍하면서 견디거나 문제 상황을 회피하는 등의 정서 중심 및 문제 회피 경향을 보인다.

3-1. 변화 시도

「변화 시도」에서는 '힘든 상황을 얘기함' 이 4사례(전형적)로 가장 많았고 '환경 변화를 위해 노력' 은 3사례(변동적), '새로운 행동 시도' 가 2사례(변동적) 순으로 나타났다.

'힘든 상황을 얘기함' 은 "친구에게 힘든 상황을 털어놓음" "선생님에게 이야기" "선생님에게 도움 요청" "멀리 떨어진 친구에게 힘듦을 얘기함" 등으로 나타났다. 이는 친구나 교사가 먼저 물어보면 마지못해 대답하는 식으로 자신을 표현하고 있는 모습을 나타내고 있어 주위의 지원체제로부터 적극적인 도움을 받기가 쉽지 않은 일임을 알 수 있다.

1학년 때 상담선생님한테 아픈 거를 얘기했다. 제가 체육을 좋아했는데 체육을 안 하니까. 체육선생님이 저를 불렀어요. 체육선생님 앞에서 제가 이렇게 됐다라고 말하니까……. (사례 4)

일단은 이게 좀 치밀한 건지 아니 좀 단순해서 그런 건지 모르겠지만 제가 멀리 S시, K도에 사는 친구들…… 얘기해도 내려올 것도 아니고 말만 듣잖아요. 그 친구들에게 얘기를 했는데 자기네들도 그런 경우가 있어요. 쉽게 말하면 서로서로 그런 생각하지 말자라고 얘기를 하는데……. (사례 7)

'환경 변화를 위해 노력' 의 일환으로 "부모님이 싸울 때 말림" "학교부적응으로 전학 요구" 등을 하였고, '새로운 행동 시도' 의 방법으로 "괴롭히는 아이들과 싸움" "자기를 괴롭히는 아이들에게 저항함" 을 하였지만 이러한 노력이 계속 좌절될 경우에는 무망감과 무기력함을 경험하였다.

엄마, 아빠가 이혼할까 봐 걱정되고 해서…… 화합을 시키려고 초등학교 5학년 때 엄마, 아빠한테 편지를 썼어요. (사례 3)

제가 1학년 2학기 때 아침 등교했는데 '아 ××년 또 왔네, 전학 안 가나?'라고 하길래 갑자기 열이 확 뻗쳐서 '너희들 왜 나한테 그러는데?' 하고 얘기하고 그러지 말라고 했어요. (사례 4)

3-2. 혼자 견딤

「혼자 견딤」에서는 '혼자 전전긍긍' 이 7사례(일반적)로 가장 많았고, '문제 상황 회피' 가 6사례(전형적), '혼자 울며 감정 달램' 이 6사례(전형적) 순으로 나타났다.

다음의 사례에서도 알 수 있듯이 자살행동 청소년들은 "힘든 상황을 다른 이에게 말하지 않음" "감정을 표현하지 않고 담아 둠" "갈등 상황에 대처하지 못해 당황함" 에서와 같이 '혼자 전전긍긍' 하고 있었다. 자신이 지각한 문제를 혼자서 감당하기 힘들면서도 주변에 도움을 요청하기보다는 문제를 끌어안고 힘들어 하고 있었다.

> 엄마, 아빠가 싸울 때, 물건 던져서 엄마 폰이 ○○폰인데 이 폰이 장롱에 박혀서 홈이 파인 적도 있어요. 지금도 그 썩은 장롱이 집에 있어요. 엄마, 아빠 이런 싸움은 초등학교 5~6학년 때 제일 많이 봤어요…… 무섭고…… 말려야 되는데 말리면 불똥이 저한테 튈까 봐 말도 못하겠고…… 그 사이에서 전전긍긍하고……. (사례 3)
>
> 하지 말라고 안 해 봤어요. 그렇게 생각은 했는데요…… 막상 당하고 나니까 무서웠어요. 저를요, 더 괴롭히고 때릴 것 같고. (사례 1)

"말려도 소용없을 것 같아 말하지 않고 피함" "아이들에게 비위를 맞춤" "수업 불참 및 조퇴 등으로 문제 상황 회피", "조퇴가 잦음" 으로 '문제 상황 회피' 하고, "아무것도 안 하고 혼자 울며 자살 감정을 해소함" "참았다가 혼자 있을 때 눈물" "문제가 발생하면 우울하거나 슬픈 감정이 주로 일어나고 몰래 울음" 등으로 '혼자 울며 감정 달램' 과 같은 행동을 보이고 있었다. 자살행동을 보이는 청소년들은 이렇듯 문제 상황을 회피하고 혼자서 울면서 감정을 달래며 계속 우울감을 느끼는 악순환을 반복하는 것으로 나타났다.

> 그때 상황이 제가 많이 아팠던 시기예요. 검사 받아도 딱히 명확하게 안 나오고, 그러니까 스트레스성 복통이었거든요…… 그때 너무 아프다고 학교도 많이 빠지고 조퇴 많이 하고 수업도 잘 안 들어갔어요. (사례 6)
>
> 혼자 울고…… (깊은 한숨) 아무것도 안하고 울기만 했어요. 딴사람에게 말해 본 적이 없고, 말하고 싶지 않았어요. (사례 1)

우는 것은 약한 애들이나 하는 짓이라고 생각해서 잘 안 울라고 했거든요. 애들이 놀려서 울면 애들이 '×× 운다'라고 하는 것도 싫고…… 그래 가지고 못 견딜 쯤 되면 아무렇지도 않은 척하고 화장실 가서 막 미친 듯이 울고…… 체육복으로 소리 안 새 나가게 입을 막고 울고……그다음 세수하고 눈 빨개진 거 확인하고 나갔어요. (사례 5)

4) 자살행동 청소년의 자살생각 경험

자살행동 청소년의 자살생각은 무가치함으로 인한 고통, 관계 차원의 고통, 행동실행의 갈등으로 나눠지는데, 청소년들은 자살을 생각할 때 흔히 자신이 필요 없는 존재이고 미래에 대한 절망에서 오는 무가치한 느낌으로 고통 받고 있었다. 또한 주위 사람들과의 관계에서 자신을 괴롭힌 사람에 대한 복수심과 더불어 다른 사람들이 자신의 죽음에 행복해할 것 같은 상상으로 힘들어 하고, 그들에게 자살은 고통에서 벗어나는 유일한 출구라는 생각과 더불어 자살실행 여부에 대해 계속 갈등하는 모습을 보이고 있었다.

4-1. 무가치함으로 인한 고통

「무가치함으로 인한 고통」에서는 '나는 필요 없는 존재'가 6사례(전형적)로 가장 많았고 '미래에 대한 희망 상실'은 3사례(변동적) 순으로 나타났다.

"부모님이 싸울 때 '너 같은 건 필요 없다'라는 말에 견디기 힘듦" "성폭행 당한 후 자신에 대한 한심함, 우울이 느껴질 때" "자신의 존재가 태어나서는 안 되는 필요 없는 존재라고 느껴질 때" 등에서 너는 필요 없는 존재라는 부정적인 메시지를 주위에서 계속 받는 것으로 나타났다.

저희 엄마가 하는 말이요, 저희 엄마가 스무 살 때 저를 가지고 저를 낳았어요. 그래가지고, 저희 아빠한테 '너한테 청춘을 다 바친다고 스무 살 때 청춘도 없고, 안 좋은 기억밖에 없다' 면서 막 그러고요. 다 저 때문이잖아요. 나만 없으면 청춘이고 뭐고 다 누렸을 텐데…… 내가 없었으면 좋았을 텐데……. (사례 3)

자살생각이 들면 그냥…… 나의 가치는 어느 정도일까? 자살생각이 나면 쟤는 저렇게 살아왔고 나는 이렇게 살아왔네 하면서 뭔가 나는 필요 없는 존재라는 생각에 빠진다…… 과거에 일을 생각하다 보니까…… 이대로 영원히 깨지 않았으면 좋겠고…… 없어졌으면 좋겠다. (사례 6)

엄마, 아빠랑 크게 싸웠어요. 근데요…… 엄마 하고요 갑자기 제 욕을 하고 되도 안 한 소리를 하는 거예요. 짜증 나 가지구요. 엄마한테 왜 가만 있는 나한테 그 소리를 하냐고 하니까 엄마가 너 같은 거는 필요 없다고 안 좋은 소리를 하는 거예요…… (중략) 아빠가 '할머니는 중요한 사람이고 너는 중요하지 않다' 라고 말해서 순간 화가 확 나서 죽어야겠다는 생각이 나고……. (사례 1)

이렇게 하루하루 살아가는 것이 고통스러워 "미래에 대한 절망" "힘듦이 소중한 가치(꿈)를 덮어 버릴 때" "미래에 대한 절망과 회의" 로 인하여 '미래에 대한 희망 상실' 까지 느껴질 때 청소년들은 자살생각을 하게 되는 것으로 보인다.

어차피 좀 미래가 없다고 해야 되나? 우리 집은 이사 못 가는 거 아닌가? 어차피 커 봤자 똑같네…… 이런 생활이 계속될 것 같으니깐 죽고 싶었어요……. (사례 2)

죽는 애들은 그 행복이 너무 순간적이에요. 왜냐면 불행이 더 커 보이니까요, 행복은요 뭐라 해야 되냐면, 이거는 너무나 부드럽고 희미하게 보이고요, 불행은 너무나 솟구치고 확 커지게 다가오니깐…… 미래가 절망적으로 보여요……. (사례 5)

4-2. 관계 차원의 고통

「관계 차원의 고통」에서는 '복수심'이 7사례(일반적)로 가장 많았고 '나의 죽음이 주위 사람의 행복'은 5사례(전형적), '이해받지 못함' 4사례(전형적), '주변의 죽음'이 2사례(변동적) 순으로 나타났다.

'복수심'에서는 "죽어서라도 복수하고 싶은 마음" "때리는 아버지와 오빠에 대한 복수" "내가 죽어서 따돌렸던 아이들을 괴롭히고 복수하고 싶음" "자신의 죽음을 고통을 준 이에게 보여 주고 싶은 마음" 등으로 자신의 죽음을 통하여 괴롭힌 사람에게 죄책감을 심어 주려는 마음이 있음을 알 수 있다.

> 내가 죽으면 괴로워할 사람은 친구들…… 내가 그때 따돌림 받았을 때 그것 때문에 죽은 게 아닐까 하면서 괴로워할 것 같아요……. (사례 1)
>
> 당시 하고 싶을 때 드는 생각은 너희들에게 평생 안고 가야 될 짐을 안겨 주겠다 이런 생각……. (사례 6)
>
> 화가 나서 분해서 복수하고 싶어서…… 저 사람을 진짜 내가 죽어서라도 귀신이 돼서라도 복수한다는 심정이었어요. (사례 5)

또한 "자신이 죽으면 주위 사람이 편할 것이라 생각" "돈 버는 불쌍하고 안쓰러운 부모에게 짐을 덜어 주고 싶은 마음" "자신이 죽으면 어머니를 더 편하게 해드릴 수 있을 것으로 생각" "부모님이 싸우지 않고 행복하게 되는 길은 자신이 자살하는 것이라는 생각" 등 '나의 죽음이 주위 사람의 행복'이라는 생각 속에서 끊임없이 갈등하는 것으로 보인다.

> 그리고 죽으면 주위 사람들이 안 힘들겠지. 엄마, 아빠가 네가 문제라고 했기 때문에…… 내가 죽든 말든 눈물도 안 흘릴 거고……. (사례 4)

속 시원해 할 사람은 가해자들이 그렇겠죠. 그러니까 실제로 무슨 일을 저질러 놓고요. 자기들이 뭐 잘못했다고 죄송하지라고 생각할 수 있잖아요. 감방에 있다가 나와도 '저 ×× 때문에 내가 이렇게 됐네' 또는 '××가 잘 죽었네' 라고 생각할 수도 있을 거 같아요. (사례 7)

그리고 "자신을 이해하거나 믿어 주지 않을 때" "부모로부터 이해받지 못하는 상황" "부모가 현재 상황에 대해 짜증난다고 할 때" 등에서 알 수 있듯이 '이해받지 못한다는 느낌' 이 죽음까지 생각할 만큼의 고통이 될 수 있다는 점을 다음의 사례에서 확인할 수 있었다.

학교도 많이 빠지고 조퇴 많이 하고 그러니까 그때 애들은 꾀병 아니냐고 생각할 수도 있잖아요. 그러다 보니까 엎드려 있으면 대놓고 죽으라고 들으라고 말하는 애도 있었고 쟤는 왜 사냐 하는 애도 있었고 문자로도 번호만 바꿔 가지고 그냥 죽어 버려라 하는 문자도 많았고요. (사례 6)

엄마가 '뭐 하냐?' 하고 물어보았는데 대답이 없으니 '20분 뒤에 말을 하네.' 라고 말했어요. 뭘 보고 그렇게 말씀했는지 모르겠어요…… 그때 엄마나 부모님이 제가 이렇게 힘든 거에 대해서 이해하지 못하고 '저한테 짜증난다' 고 할 때…… (사례 7)

한편, '주변의 죽음' 으로 인하여 "나도 죽을 수 있다는 용기가 생김" "주변의 죽음을 보고 나도 죽고 싶다는 생각이 듦" 등의 반응을 보였다.

친구가 죽었다는 거 알고 3일 지나서 자해했어요. '친구가 죽으니까 나도 할 수 있겠다. 나는 안 따라가고 뭐하나' 라는 생각이 들었어요. (사례 4)

한 명이 죽으면요, 감정이 다 퍼지는 것 같아요. 그래서 다른 사람이 잘못되면 잘 살고 있는 사람도요, 통제력을 잃고 죽을 수 있다고 생각을 했어요. (사례 5)

4-3. 행동실행의 갈등

「행동실행의 갈등」에서는 '자살이 유일한 선택' 이 7사례(일반적)로 가장 많았고 '자살에 대한 갈등', '조절되지 않는 자살충동', '자살생각을 떨치려는 노력' 등이 5사례(전형적), '남에게 도움을 요청' 3사례(변동적) 순으로 나타났다.

청소년들은 "힘든 게 누적되어 터트리고 싶어서" "죽으면 고통, 정신적 피해, 스트레스에서 자유로울 거라 생각" 등에서 볼 수 있듯이 지금 힘든 상태를 해소할 수 있는 유일한 선택이 자살이라고 인식하고 있었다. 자살행동 청소년의 '자살이 유일한 선택' 과 관련된 구체적 예는 다음과 같다.

> 죽고 싶다는 생각이 들고…… 이것이 마지막 고통이고 선택일 것이다. 죽음은 옛날에는요 계속 최고의 수단이었는데요. (사례 3)
>
> 우울감이 너무 심해져 가지고 뭔가 자살 말고 다른 생각을 할 수 있는 통로를 다 막는 거 같아요. 내가 죽음을 지배하는 것이 아니라 죽음이 나를 지배해서 계속 그거대로 행동하게 만들어 버리는……. (사례 6)

다음으로 '자살에 대한 갈등' 과 '조절되지 않는 자살충동' 및 '자살생각을 떨치려는 노력' (이하 5사례) 등에서는 이들이 자살을 생각하는 과정에서 "실행으로 옮길지 말지에 대해 계속 고민" "자살생각과 동시에 죽고 싶지 않다는 생각"을 하면서 갈등하지만 "자살생각을 스스로 없애려는 노력이 효과가 없고" "이러한 충동을 참기 어렵다"는 사실을 알 수 있었다. 또한 자살생각을 떨치려고 "자살했을 때의 득과 실을 스스로 저울질 해 봄" "자살생각이 날 때 꿈을 생각하며 자살생각을 줄임" 등의 노력을 하는 경우도 있는 것으로 나타났다. 자살행동 청소년이 보이는 자살에 대한 갈등과 관련된 예는 다음과 같다.

자살생각이 나면 계속 '내가 왜 이렇지' 라고 고민하고 갈등한 적이 더 많은 거 같아요. (사례 7)

때때로 자살하면 아무것도 못하고 그냥 죽는 거니까…… 근데 만약에 자살 안 하면 또 난 힘든 일 겪을까봐 무서웠어요. (사례 1)

죽고 나면 꿈을 이룰 수 없을 거 같지만 지금 모습이 한심한데 죽고 나면 가치 있는 존재가 될 것 같았어요…… 왜냐면 죽고 나면 사람들이 슬퍼해 줄 거니까…… 그만큼의 가치는 있을 거 아니에요? 사람들의 눈물 흘릴 만큼의 가치…… 근데 죽으면 꿈을 못 이루고 하고 싶은 것도 못하니까 괴로웠어요……. (사례 5)

죽고 싶다는 생각을 매일매일 했는데 그런 생각들이 매일 없어지지 않고 계속 쌓이고 자고 일어나도 학교 가기 싫고 학교 가면 또 당할 거라는 생각이 들어서 계속 힘들었어요. 이런 생각이 없어지지 않고 노력해도 효과가 없어요. (사례 1)

생각을 떨쳐 내려고. 친구한테 말하든지, 음악을 듣든지…… 그냥 뭐 제가 좋아하는 음악 같은 거. 이 음악 아니면 피아노곡이나. (사례 3)

이 외에도 자살과 관련된 갈등을 해결하기 위해 "친구들과 얘기하며 서로 그런 생각하지 말자고 위로 받고" 또는 "자살생각이 들 때 선생님과 어머니에게 대처 방법을 구함" 등의 모습을 보이고 있었다. 이들이 '남에게 도움을 요청' 하는 것과 관련된 예는 다음과 같다.

용기 내서 힘든 거 얘기했을 때 진지하게 들어 주고 진짜 욕도 해 주고 막 감싸 주기보다는 내치는 쪽으로 얘기해 줘요. (사례 2)

5) 자살행동 청소년의 자살시도 전과 후의 변화

자살시도 전과 후의 변화에서 자살시도 동기, 자살시도 전 감정, 자살시도 후 부정적 감정, 자살시도 후 깨달음 등과 같은 4개의 영역으로 도출되었다. 이 같은 모습은 청소년들이 자살을 시도할 때 우울과 분노 등의 감정에 휩싸여서 충동적으로 자살을 시도하는 경향이 높지만 시도하는 순간에도 망설임과 갈등을 끊임없이 경험함을 의미한다. 또한 자살시도 실패 후 부정적인 영향도 나타나지만, 자신의 삶에 대한 긍정성이나 감정 해소 및 감사함 등의 긍정적인 현상도 보이고 있었다.

5-1. 자살시도 동기

「자살시도 동기」에서는 '고통을 잊기 위해 시도'가 7사례(일반적)로 가장 많았고 그다음 '충동적으로 자살시도'가 4사례(전형적)로 나타났다.

"지겹고 힘든 반복되는 일상을 끝내고 싶을 때" "폭풍전야 같이 그냥 확 터질 것 같은 고통" "현재 아픔으로 인한 답답함이 쌓임"에서처럼 고통이 누적되고 쌓여서 감당하기 힘들 때 "삶의 힘듦에 대한 대안적 선택"으로 자살을 시도하는 것으로 나타났다. 자살행동 청소년의 '고통을 잊기 위해 시도'와 관련된 예는 다음과 같다.

> 손목을 그을 때는, 기분 되게 안 좋을 때는, 전에 해 본 경험이 있어서…… 그때 어디를 맞았는데 그 맞은 자리 안 아프려고 다른 자리를 꼬집으면 거기가 아프잖아요. 결론은 아프지만 여기보다는 덜 아플 것 같아서……. (사례 7)
>
> 떨어지면. 당연히 죽을 때 아프겠지만 이것보다 더 아플까 하는 생각에…… (사례 5)
>
> 시도하기 전에는요, 뭔가가 되게 많이 속에서 휘몰아쳤어요. 뭔가 잔잔한데…… 회오리친다고 해야 하나? 잔잔한데 회오리치는…… 태풍의 눈. 겉은 완

전…… 휘몰아치는데 안은 고요해가지고 더 불안한, 차라리 겉에처럼 휘몰아치면 상관없겠는데 오히려 그런 상황에서 조용하니까 더 불안한……. (사례 6)

또한 자살시도 동기로 '충동적으로 자살시도'가 4사례에서 나왔는데 이는 "자신이 중요한 존재가 아니라는 말" "복수심으로 인한 충동적인 감정이 올라옴" "놀림당해 우발적으로" 등에서처럼 가만히 있다가 우울한 감정이 들어서 자살을 시도하기보다는, 고통으로 인해 감정이 격하게 올라오고 그것이 감당할 수 없을 만큼 자신을 압도하게 되면 충동적으로 자살을 시도함을 의미한다. 자살행동 청소년의 '충동적으로 자살시도'와 관련된 예는 다음과 같다.

올라가기 전에 우는 이유는 화가 나서 분해서 복수하고 싶어서…… 저 사람을 진짜 내가 죽어서라도 귀신이 돼서라도 복수한다는 심정인데 죽으려고 올라가면 갑자기 슬픔이 몰려오는 거예요. (사례 5)

아빠랑 싸워서 시도했는데 그때 아빠가 맛있는 거 할머니한테만 드리고 나한테는 하나도 안 줘서 왜 나한테는 맛있는 거 안 주냐고 말하니까 아빠가 '할머니는 중요한 사람이고 너는 중요하지 않다'라고 말해서 순간 화가 확 나서 죽어야겠다는 생각이 나고……. (사례 1)

5-2. 자살시도 전 감정

「자살시도 전 감정」에서는 '우울'이 7사례(일반적)로 가장 많았고 '분노'와 '혼란(망설임)'이 6사례(전형적), '한심함' 5사례(전형적), '슬픔' 4사례(전형적), '외로움'과 '아무 생각 없이 멍함' 2사례(변동적) 등의 순으로 나타났다. 이렇듯 하나의 감정이 솟구치는 것이 아니라 다양한 감정이 파노라마처럼 밀려들면서 자살시도 경험을 하는 것으로 나타났다.

일반적으로 나타나는 감정으로 '우울'은 "계속 생각나니까 짜증나고 우울해지고 살기 싫고" "성폭행 당한 후 계속 우울해서 매일 눈물" 등 잊고 싶어도 잊혀지지 않는 경험들이 청소년들을 힘겹게 만들고, 또한 "자살시도를 하고 있는 자신을 보면 우울하고 기분이 좋지 않음" 등에서처럼 고통을 자살로 풀려고 하는 자신을 보면서 다시 한 번 더 우울해지는 경험을 하는 것으로 나타났다. 자살행동 청소년의 '우울'과 관련된 예는 다음과 같다.

자살에 대해 생각하거나 시도하고 있는 자신을 보면 우울해지구요, 음…… 기분이 안 좋아지고……. (사례 6)

엄마가 심하게 욕하세요. 그럴 때마다 내가 왜 태어났지, 나는 필요 없는 존재다. 나가서 확 죽어 버릴까라고 생각이 들었어요. 내가 필요 없는 존재구나…… 계속 생각나니까 우울한 기분이었다가……. (사례 3)

전 진짜…… 죽고 싶었어요…… 내가 제일 한심했어요…… 성폭행은 생각도 못하고 간 게, 괜히 언니들하고 어울린 게 내 잘못인거 같아서, 내가 우울해지고, 소문날까 봐 무섭고……. (사례 2)

고1 같은 반 애들이 저를 놀린다고 생각돼서 견디기 힘들고 고통이 쌓이면…… 시도하는데…… 암울하고 침울하고. 우울하고……. (사례 7)

자살시도 전 감정으로 '분노'가 6사례 나왔는데 이는 "아버지에 대한 실망과 화" "대놓고 싸우는 부모에게 화가 남" "원만하지 않은 친구관계 때문에 자살시도 전 화를 많이 내고 자주 싸움" 등에서처럼 특정 대상에 대한 분노가 빈번하게 보고되었고 또한 "약을 먹고, 그럴 때 막 화남"에서처럼 약을 먹고 자살하려고 하는 자기 스스로에 대한 화도 경험하는 것으로 나타났다. 자살행동 청소년의 '분노'와 관련된 예는 다음과 같다.

부모님에게는 오히려 화가 나요. 부모님 입장에서는 답답한 걸 알기는 알겠는데, 아니까 더 화가 나요……. (사례 6)

옥상에 올라가기 전에 우는 이유는 화가 나서 분해서 복수하고 싶어서…… 저 사람을 진짜 내가 죽어서라도 귀신이 돼서라도 복수한다는 심정인데……. (사례 5)

자살시도 시 또 다른 감정으로 '혼란(망설임)' 이 전형적(6사례)으로 나타났다. "자살시도 때도 자살시도 여부를 계속 고민" "죽으려는 순간에도 갈등" "죽고 싶은 마음과 죽음에 대한 두려움 공존" 등에서처럼 죽음 앞에서도 계속 갈등하고 망설이는 모습을 보이고 있는 것으로 나타났다. 자살행동 청소년의 '혼란(망설임)' 과 관련된 예는 다음과 같다.

아…… 해야 되나 말아야 되나…… 하지 않으면 또 괴로운 일만 생길 텐데…… 하면은 뭔가는 허전할 것 같고……. (사례 1)

1, 2, 3이 있으면 1은 지금 현재, 2는 조금 뒤에 일어날 일, 3은 그 후에 일어날 일인데 3번을 먼저 생각하고 2번을 생각해요. 그런 생각 때문에 3번 잠깐 생각하고 2번을 뒤에 생각하다가 중간에 딱 3번이 끼어들어요. 아 뒤에 어떻게 될 건데 마구잡이 안 좋은 생각을 하다가 그런 생각을 하다 보면 흐지부지 되고 흐지부지 되고……. (사례 7)

"자살시도 시 해 보지 못한 일에 대한 아쉬움과 스스로의 한심함" "이렇게까지 해서 죽어야 하는가 하는 회의감과 비참함" 등에서처럼 죽음 앞에서 자조적인 태도를 보이며 "자살시도 하려는 자신에 대한 비참함" "자살시도 하는 자신이 못나 보임" 등에서는 자신에 대한 '한심함' 을 느끼는 것으로 나타났다.

자살에 대해 생각하거나 시도하고 있는 자신을 스스로 보면 비참했어요. (사례 3)

솔직히 스스로도…… 너무 못나 보이고…… 살아가면서 죽고 싶단 생각은 안 하는 사람은 없지만 그래도 너무 못나 보이고 한심하게 느껴져요. (사례 6)

그리고 "자살시도 할 때 가족들 생각으로 슬픔" "내가 여기서 죽으면 사람들이 울겠지, 그걸 생각하면 나도 모르게 슬퍼짐" 등에서 알 수 있듯이 남겨진 사람들에 대한 슬픔과 "나 혼자 동떨어져 있는 느낌이 들어서 슬픔" 그리고 자신과 세상 사람들이 분리되어 존재하는 느낌에서 오는 '슬픔' 이 함께 나타나고 있었다. 또한 "세상에 나밖에 없는 듯함"과 "힘든 마음을 얘기할 친구 없어" 등의 '외로움' 도 자살시도 시에 경험하는 것으로 보인다.

확실히 죽으려고 올라가면요…… 눈물이 막 올라오거든요. 펑펑 울기 시작해요. 내가 여기서 죽으면 사람들이 울겠지…… 그걸 생각하면 나도 모르게 슬픔의 눈물이……. (사례 5)

다시는 안 해야 되겠다. 그래도 견뎌 보자고 했어요. 중학교 3학년 때 5월 중순에 약을 먹고 일주일 뒤에 그었어요. 제가요…… 친구가 없고요…… 너무 외롭고요…… 외로운데 저한테는…… 얘기할 친구도 없고요…… 아빠가 할머니는 소중하고 나는 안 소중하다고 해서요…… 그 힘든 마음을 얘기할 친구도 없고요. (사례 1)

끝으로 여러 감정이 복합적으로 나타나다가 자살시도 직전에는 '아무 생각 없이 멍함' 의 현상을 보이기도 하였다.

시도할 때 드는 제일 큰 감정은 아무 생각도 안 나고…… 그냥 멍했어요. 정신이 없었어요. (사례 1)

머릿속이 여러 가지 생각들로 복잡하다가…… 막상 시도할 때는 아무 생각도 안 들다가……. (사례 6)

5-3. 자살시도 후 부정적 감정

「자살시도 후 부정적 감정」에서는 '시도한 것에 대한 후회'가 7사례(일반적)로 가장 많았고 '마음 아픔과 미안함'과 '타인 시선에 눈치 보임'이 4사례(전형적), '살아 있음에 짜증남' 3사례(변동적) 순으로 나타났다. 자살을 시도하는 자신과 가족에 대한 생각으로 마음이 아프고 미안하면서 친구들이나 가족이 이 사실을 알게 되면 어떡하나 하는 생각에 이르면 자살시도한 것을 후회하고 있는 것으로 나타났다.

일반적(7사례)으로 나타고 있는 것으로 "자살시도한 자신이 한심해 보이고 후회됨"의 자신과 관련된 후회와 "복수하기 위해 자살시도했다는 것이 후회됨" "긋고 나면 애들 눈치 보이고 후회됨" 등에서처럼 타인과 관련된 이유로 '시도한 것에 대한 후회'를 하고 있는 것으로 나타났다.

> 그 순간에 시도한 제가 느낀 감정이기 때문에 그럴 수도 있겠지 하는데 시간이 지나서 생각해 보면 내가 왜 그랬지. 왜 그런 시도를 했지…… 후회가 되고……. (사례 7)
>
> 피난 상태로 밖에 돌아다녔어요. 안 하겠다고 했는데 또 해 버린 저를 보고 내가 왜 또 했지…… 바보 같았어요. 한심하고……. (사례 4)

"자살시도 후 어머니에게 함께 있어 줘야 할 것 같고 미안함" "어머니에게 또 다른 고통을 주어 미안함" 등에서 볼 수 있듯이 가족이나 친구들에 대한 '마음 아픔과 미안함'을 느끼고 있었다. 또한 "자해한 후에도 애들 눈치를 보게 됨"과 "상처를 봤을 때 타인의 시선이 겁이 남" 등에서처럼 자살시도 후에도 타인의 눈을 의식하는 것으로 보인다. 이에 대한 구체적 예시는 다음과 같다.

자살시도 후 입원해서 누워 있는데…… 그 옆에 다른 불쌍한 할머니들이 많아 가지고…… 나는 아무 병도 없는 데 병 만든 것 같아서 엄마한테 미안하고……. (사례 2)

겁이 나는 거 있잖아요…… 긋고 나면 딱 그 상처를 봤을 때 사람들이 제가 보는 게 아니라 다른 사람들이 저의 상처를 봤을 때 저에 대한 시선 이런 게 겁이 나는 거 같아요. (사례 6)

다음으로 "사는 것도 힘든데, 죽기도 힘듦" "자살시도 실패 후 짜증남" 에서처럼 "정신이 들면 자신에 대한 증오와 허무함" 을 경험하는 것으로 나타났다.

왜 죽고 싶은데 마음대로 안 되지…… 사는 것도 힘든데 죽는 것도 힘이 드네…… 짜증나고……. (사례 4)

선생님들도 열 받게 하고, 오만데서 다 압박 주니깐, 머리 터질 것 같아서. 머리가 터질 것 같았어…… 쌓여가지고 터질 것 같아요…… 터뜨리고 싶어요. 죽으려고 해도 안 죽는구나. 얼마나 더 힘들어야 죽지? (사례 2)

5-4. 자살시도 후 깨달음

「자살시도 후 깨달음」에서는 '삶의 긍정성 지각' 과 '감정 해소' 가 5사례(전형적)로 가장 많았고 '감사함' 이 3사례(변동적) 순으로 나타났다. 자살을 시도한 후 부정적으로만 보였던 자신의 삶에 대해 긍정적인 면도 보게 되고 답답한 마음이 해소되는 듯한 느낌과 살아난 것에 대한 감사함을 경험하는 것으로 나타났다.

"자살시도 후 좋은 추억 생각남" "힘들게만 느껴졌던 모든 것이 자살시도 직전보다 더 긍정적으로 생각됨" 등에서 볼 수 있듯이 자신의 경험이 긍정적으로 느껴지고 "자신의 삶이 소중하다" 고 느끼는 것으로 나타났다.

시도 후에 엄마 생각이 너무 많이 들었어요. 엄마랑 싸우는 생각도 나고 엄마가 내가 좋아하는 맛있는 음식을 해 주고…… 아프면 간호해 주시고……그런 생각이 막 떠올랐어요. (사례 4)

또한 "답답한 마음이 시원하고 덜 힘듦" "답답함의 고통을 해소" "분한 마음이 조금 해소됨" 등에서처럼 고통이 완화되면서 "멍하면서 뭔가 속에서는 편해진 것 같음"과 "맘이 아픈 것을 잊을 수 있고 긴장감이 해소되는 느낌"을 보고하였다.

시도 후에 한동안 죽고 싶은 생각조차도 안 했어요. 시도 후 좀 시원해졌어요. 평범하게 다른 애들처럼 살았어요. (사례 1)

자해하는 순간 꽉 닫혔던 문이 열리는 기분이에요. (사례 7)

그다음에는 좀 나아졌어요. 학교에서도 덜 힘든 것 같았어요. 견딜 수 있을 것 같았어요. 그냥 애들도 내가 이렇게 힘들다는 걸 알아줬으면 좋겠고…… 분이 좀 풀린 것 같았어요. (사례 4)

「자살시도 후 깨달음」의 일환으로 '감사함'을 느끼는 것으로 나타났다. 즉, "살아난 것에 대해 감사함과 삶의 소중함을 느낌" "비난하면서도 자신을 감싸 주는 친구에 대한 고마움" 등을 느끼면서 회복되는 경험을 하는 경우도 있음을 확인할 수 있다.

살았구나. 감사했어요…… 살아난 것이 기뻤다…… 감사한 생각이 들었어요. (사례 1)

시도 전에는 애들이 지 속에 있는 깊은 얘기는 안 했어요. 약 먹고 나니까 아예 같이 얘기하니까…… 이런저런 얘기하다가 힘든 거 갑자기 튀어나오면 거기 얘기하면 걔네들도 같이 울면서 얘기해요. 들어 주는 친구들이 고맙고 감사했어요. (사례 2)

6) 자살행동 청소년의 자살행동 극복경험

자살행동 극복경험은 적극적으로 행동 변화 실천, 지원체제를 통한 극복, 상황에 대한 관점 변화, 자기성장을 통한 극복 등의 4개의 영역으로 나타났다. 현재 삶의 고통을 벗어나기 위해 변화하려고 노력하는 동시에 가족, 친구, 교사 및 종교 등의 지원체제로부터 도움을 받는 것으로 보인다. 이러한 노력과 지원를 통해 부정적으로만 보였던 현실이 서서히 긍정적으로 보이기 시작하고 자기성장의 경험으로 이어지는 것을 확인할 수 있었다.

6-1. 적극적으로 행동 변화 실천

「적극적으로 행동 변화 실천」에서는 '적극적으로 변화하려고 노력' 이 7사례(일반적)로 가장 많았고 '적극적으로 관계 맺기' 와 '타인 돕기' 는 각각 3사례(변동적)로 나타났다. 즉, 관계 안에서 능동적으로 대처하고 힘들어 하는 남을 돕는 경험을 하는 등 고통에서 벗어나기 위해 적극적으로 노력하는 모습을 보였다.

"친구의 조언을 받아들여 변화하려고 노력"하는 등 타인의 말을 부정적으로 듣지 않고 변화의 시발점으로 삼아서 "힘듦을 잊기 위해 나름대로의 노력을 함" "활발해지려고 노력" "솔직한 감정 표현" 등에서처럼 변화하기 위해 많은 노력을 하는 것으로 나타났다. 다음은 자살행동을 보이는 청소년의 '적극적으로 변화하려고 노력' 과 관련된 구체적 사례다.

아버지가 말씀하시는데 이기적이고 좀 말도 빠르고 말도 많고 좀 예민하니까 사소한 걸 좀 관심을 떨쳐 내라고 하셔서 옛날에는 이런 아버지가 섭섭했는데 지금은 나에게 이런 점이 있다는 것을 받아들이고 고치고 있는 중이에요. (사례 7)

힘든 상황이나 경험을 잊으려고 노래 듣거나 미래 생각하면 그런 생각이 빨리 없어지는 거 같아요. 지금은 힘든 상황이 닥쳤을 때 빨리 없어지는 것 같아요. 그냥 노래를 밝은 거를 찾아서 들어요. 일부러…… 우울한 것도 빨리 날아가고……. (사례 2)

커다란 행복은요 아무래도 성취감이겠죠…… 내가 진짜로 이걸 이루기 위해서 노력을 했는데, 이걸 드디어 얻었을 때…… 시험에서도 성취할 수 있고…… 중국어 자격증을 딴 것도 성취고, 특히 인생에서 가장 큰 성취가 아무래도, 내가 이룬 꿈이 가장 큰 성취겠죠? 그러나 조그만 성취를 해 나갈 때도 좋아요. 제가 좋아하는 꼬치를 먹을 때는요, 튀김 꼬치를 먹을 때도 진짜 완전 행복……. 언니나 친구들하고 수다 떨 때도 성취감을 느끼고…… 식물을 키울 때는 두 가지 행복이 있어요. 첫 번째, 심었을 때 싹이 날 때 행복하고요, 두 번째, 열매를 거둬들일 때 행복해요. (사례 5)

자살행동을 극복한 청소년들은 "친구에게 먼저 다가감" "친구들에게 적극적으로 다가가 마음을 개방함" "친구들과 적극적인 관계 맺기" 등을 통해 혼자서 지내는 생활을 탈피하고 타인과 원만한 관계를 맺으려는 노력을 하는 것으로 나타났다.

3월 고1 올라와서 나아졌어요. 힘들 때 친구들한테 얘기하니까…… 의지가 됐어요. 친구들한테 힘든 얘기해요. 얘기하면 반응해 주고…… 너희 엄마, 아빠는 맨날 싸우나 하고 저도 모르게 다가갔어요. 친구한테 다가간 이유는 저도 모르게 다가갔어요. 용기 내보자, 다가가 보자. 두려움은 없었어요. (사례 1)

친구 불러서 노래방 가거나 스트레스를 노래로 풀어요. 웃고 밥도 같이 먹고…… 어떤 문제가 생기면 내가 먼저 사과하고 손 내밀어 주고…… 다치진 않았나 하고 물어 주고 상담도 해 주고…… 관계를 잘 맺었어요. (사례 4)

더 나아가 "타인에 대한 이해의 폭 증가" "힘든 친구들 돕기" "기부활동 시작" 등에서처럼 타인에 대한 이해와 수용을 행동으로 적극 실천하는 모습을 보였다.

도서관에서 책 읽고 인터넷에 아프리카 애들 사는 걸 찾아봤거든요…… 그래서 보다가 기부도 하구 싶고…… 그래서 애들이랑 기부하는 거 만들었어요. 한 달에 5천 원씩 하는 거예요. 20명 정도랑 같이해요. 여러 애들한테 물어봐서 하고 싶은 애들 모아서……. (사례 2)

살아가면서 죽고 싶단 생각은 안 하는 사람은 없지만 그래도 조금 못나 보이긴 하는데…… 어떤 면으로 생각해 보면…… 내가 다른 사람을 이해해 줄 수 있는 한 매개체일 수도 있다. 경험을 많이 했으니…… 힘든 사람을 잘 이해하고 도와주고 있어요. (사례 6)

6-2. 지원체제를 통한 극복

「지원체제를 통한 극복」에서는 '가족의 지지와 관심'과 '원만한 친구관계 형성'이 7사례(일반적)로 가장 많았고 '교사의 도움'이 5사례(전형적), '종교로부터 보호와 지지'가 4사례(전형적)로 나타났다. 즉, 관계를 맺고 있는 가족, 친구, 교사 등으로부터 지지와 관심을 받으면서 원만한 관계를 형성하게 되고 종교를 통해 절대자로부터 보호를 받는다고 느낌으로써 고통스런 경험이 줄어들게 되며 긍정성을 회복하고 있는 것으로 보인다.

"부모님의 인정과 칭찬" "가족의 지지와 관심" "어머니의 관심과 기도" 등에서처럼 인간의 1차적인 관계인 가족의 관심과 지지가 자살행동을 보이는 청소년들에게 자살행동을 줄일 수 있는 중요한 요인임을 확인할 수 있었다.

회복하는 데 엄마가 크게 작용해요…… 힘들 때 엄마도 되게 같이 힘들었거든요. 그걸 제가 너무 잘 알아요. 그러니까 제가 힘들 때 항상 엄마가 제가 자고 있을 때 새벽에 엄마가 제 손 잡고 기도를 많이 했거든요. (사례 6)

엄마, 아빠가 칭찬이나 선물을 한 번도 해 준 적이 없거든요. 근데 고등학교 올라와서 시험점수도 올리고요. 반 등수를 올렸단 말이에요…… 그랬더니 엄마, 아빠가 좋아하고 잘했다고 칭찬도 해 주고……. (사례 1)

한편, 청소년기 발달과정상 가장 중요한 관계인 또래관계에서 "자신의 이야기를 들어 주는 친구를 통해 사람의 의미를 느끼고 힘을 얻음" "착하고 친한 친구가 생김" "자신의 자살경험에 대해 편하게 대해 주는 친구" 등이 생기고 그들로부터 지지를 받음으로써 자살행동을 줄일 수 있게 된 것으로 나타났다.

친구 중에서 진짜 친한 친구 몇 명 2~3명만 제 자살경험을 알아요. 근데 그걸 알고 있으면서 딱히 내색을 안 하는 게 되게 많이 고마웠던 거 같아요. (사례 6)

친구는 제가 한 40%, 친구는 60%인 거 같아요. 삶의 의미에서요. 그냥 제가 힘든 거 얘기했을 때 진지하게 들어 주고 진짜 욕도 해 주고 막 감싸 주기보다는 내치는 쪽으로 얘기해 줘요. 뭐 때문에 힘들다고 하면 너보다 힘든 사람 더 많다고 얘기해 주고 별로 안 섭섭하고 아~ 맞다고 생각해요. 거기에서 살아갈 수 있는 힘이 나는 거예요. (사례 2)

"위(Wee) 클래스 선생님에게 터놓고 얘기함"으로써 자신의 마음의 짐을 덜기도 하고 "선생님의 따뜻한 말을 들으며 행동 변화" "선생님이 친구들과의 화해 자리를 마련해 줌"에서처럼 교사들이 개입하여 자살행동 청소년을 적극적으로 돕는 경우가 보고되었다.

고등학교 올라오니까 친구도 사귀게 되고 좋은 선배랑 선생님도 알게 되고…… (중략) 학교 일 말고 집안사정을 말했거든요. 걱정해 주시고 다독여 주셨어요. 5학년 때였는데요…… 제 얘기를 진심으로 들어 주셨어요. 힘들면 뭔가 기댈 사람이 있어야 되겠다고 생각해서 선생님한테 말을 했어요…… 선생님이 부르지도 않았는데 제가 말을 했어요. (사례 1)

또한 "종교적 관점" 및 "자살은 살인이라고 생각하는 종교의 영향"으로 자살에 대한 부정적인 생각을 갖게 되고 '종교로부터 보호와 지지'를 통해 세상에 혼자 있는 듯한 외로움에서 벗어나 마음의 안정을 찾게 되었으며 이는 자살행동을 줄이는 데 기여하는 것으로 나타났다.

종교…… 교회에서 자살은 살인과 같다고 말하거든요. 그리고 위에서 보는 신은 이런 나를 어떻게 볼까 그런 생각도 들고요. (사례 7)

교회에 가서 힘든 일을 기도하고 나면 마음이 가벼워졌어요. 하느님이 저를 보면 항상 절 챙겨 주시고 저를 보호해 주시는 느낌이 들어요. (사례 1)

6-3. 상황에 대한 관점 변화

「상황에 대한 관점 변화」에서는 '생각의 관점 변화'가 7사례(일반적)로 가장 많았고 '가족에 대한 이해와 수용'이 3사례(변동적)로 나타났다. 즉, 상황이나 현실을 바라보는 시각이 바뀌는 경험을 통해 예전에는 고통스럽던 현실이 덜 고통스럽게 느껴지고 예전에는 싫었던 가족들이 이해되고 수용되는 경험을 하였다.

"집안 환경이 자기보다 못한 친구들에 대한 이해와 위로" "자신보다 못한 사람들을 보며 행복하다고 생각"하는 등 자신보다 부족한 사람들의 입장에서 자신을 바라봄으로써 위로 받고 "내 삶을 내가 주도하고 있음과 다양한 각도에서 생각함" "스트레스를 대하는 마음의 변화" 등에서처럼 생각의 관점을 변화시켜 자살행동을 극복하는 것으로 나타났다.

"길이 있는데 이 길이 막혀 있으면 다른 또 어딘가에 좋은 길이 있기 때문에 여기가 막혀 있는 것이다. 그래서 더 나은 삶을 개척할 수 있을 것이다."…… 삶을 책에서 사람들이 개척해 나간다고 하잖아요. 저는 그 말을 공감해요. 왜냐면 나는 내 길을 개척해 나가고 있기 때문에……. (사례 5)

보는 관점이 바뀌었는데…… 산을 보니까 이런 높은 곳에서 보는 세상이랑 낮은 곳에서 보는 세상이 너무 다른 거예요. 내가 만약 떨어져서 죽으면 너무 높고 어지러운데 밑에서 산을 보니까 별로 안 높아 보이는 거예요. (사례 4)

"다른 부모들도 싸우고 자기 환경보다 못한 친구들도 있음을 보고 부모를 용서함" "아버지를 이해하고 안쓰럽게 생각" "부모도 힘들 거라는 생각" 등 자신의 고통 속에 갇혀 있다가 타인의 입장에서 생각하게 되면서 '가족에 대한 이해와 수용'을 통해 자살행동을 극복하는 것으로 나타났다.

기부 활동을 하면서 아버지를 이해하게 됐어요…… 그냥 지금은 아빠가 불쌍한 거 같아요. 나이 먹은 거 같고…… 좀 위축돼 있다고 해야 돼나 안쓰럽고…… 옛날에는 '아빠가 죽거나 내가 죽거나' 라는 생각으로 원수처럼 생각했어요. 지금은 아빠가 그냥 이해돼요. (사례 2)

내가 힘든 것만큼 엄마, 아빠도 진짜 많이 힘들다. 이렇게 바뀌게 된 거는 아마 서로 간에 이야기를 아주 많이 해서 그런 거 같아요. (사례 6)

아빠, 엄마를 용서해요…… 우리 집만 그런 게 아니다. 그래서 제가 비관적으로 생각했던 마음들이 조금 나아졌어요. 아파트잖아요. 위아래 싸우는 소리가 다 들려요. 우리 가족만 싸우는 게 아니더라고요. (사례 1)

6-4. 자기성장을 통한 극복

「자기성장을 통한 극복」에서는 '미래에 대한 희망' 이 6사례(전형적)로 가장 많았고 '자기 수용' 과 '자기 긍정성 회복' 이 각각 4사례(전형적)로 나타났다. 현재의 자신을 있는 그대로 수용하고 만족함으로써 자신의 강점을 발견하고 이를 토대로 미래에 대한 희망을 품고 성장하는 길로 나아가면서 자연스럽게 자살행동을 극복하는 것으로 나타났다.

"장래의 희망과 꿈" 을 품고 "미래를 위해 자살을 하지 않음" 과 동시에 "미래의 꿈을 위해 살아감" 으로써 고통을 이겨 나가고 있는 것으로 나타났다. '미래에 대한 희망' 에 대한 예시는 다음과 같다.

> 저는 경찰공무원이 되고 싶은데…… 그 꿈도 제가 살아가는 데 중요한 요인이에요. (사례 1)
>
> 꿈이 있고 목표가 있으니까, 내가 이것 땜에 발이 잡혀 있을 수는 없잖아 하면서 다른 친구들은 꿈을 향해서 목표를 향해서 가고 있는데, 걔들은 뛰고 있는데 나는 걸으면 뭐가 되나……. (사례 6)

'자기 수용' 경험은 "힘든 경험 수용" "놀려도 신경 안 쓰고 수용" "담담히 자기 수용" 에서처럼 자신을 있는 그대로 수용하고 "현재의 삶에 만족" 하면서 자살행동을 극복하는 양식으로 나타났다.

> 이제는 별로 그런 거 신경 안 쓰는 거 같아요. 지나간 경험으로 받아들였어요. (사례 2)
>
> 남학생이 놀리는데…… 제가 반응을 하면 할수록 애들이 더 심하게 놀리는 거예요. 그때부터 무시하고 소설이나 읽었죠……. (사례 5)

또한 '자기 긍정성 회복' 경험은 "자신의 장점을 발견"하고 "자신을 향한 긍정적인 생각"과 힘들 때 "자신을 위로하는 능력, 긍정적으로 생각하기" 등을 통해 외부의 현실로부터 자신을 단단하게 보호하는 역할을 하고 있는 것으로 나타났다.

> 그냥 제가 마음먹기대로, 내가 그냥 행복하다고 생각하면 행복하다고 느껴지는 것 같아요. (사례 3)
>
> 장점이 없다고 생각했는데…… 저의 성격은 발랄하다, 남을 잘 챙겨 준다, 친절하다, 긍정적으로 생각한다, 잘 웃는다 등등 많은 것 같아요. (사례 1)
>
> 옛날보다 되게 많이 긍정적으로 보게 됐어요…… 예전엔 뭐 어떤 일 하다가 실패하게 되면 그냥 무조건 포기하면서 실패한 것처럼 역시 난 안 되는 거지 않나, 괜히 '이거 하겠다' 하면서 나서면 안 되지…… 요즘 뭐 실패하면. 실패할 수도 있는 거지, 난 완벽한 신도 아닌데, 내가 이걸 잘 아는 것도 아닌데, 실패할 수도 있는 거지. 다시 하면 되지……. (사례 6)

7) 사례 분석 결과 요약 및 시사점

청소년의 자살행동에 관한 질적 분석 결과들 중 응답빈도가 일반적 및 전형적으로 나타난 내용들을 토대로 청소년의 자살행동 극복경험 과정을 [그림 2-1]에 제시한다.

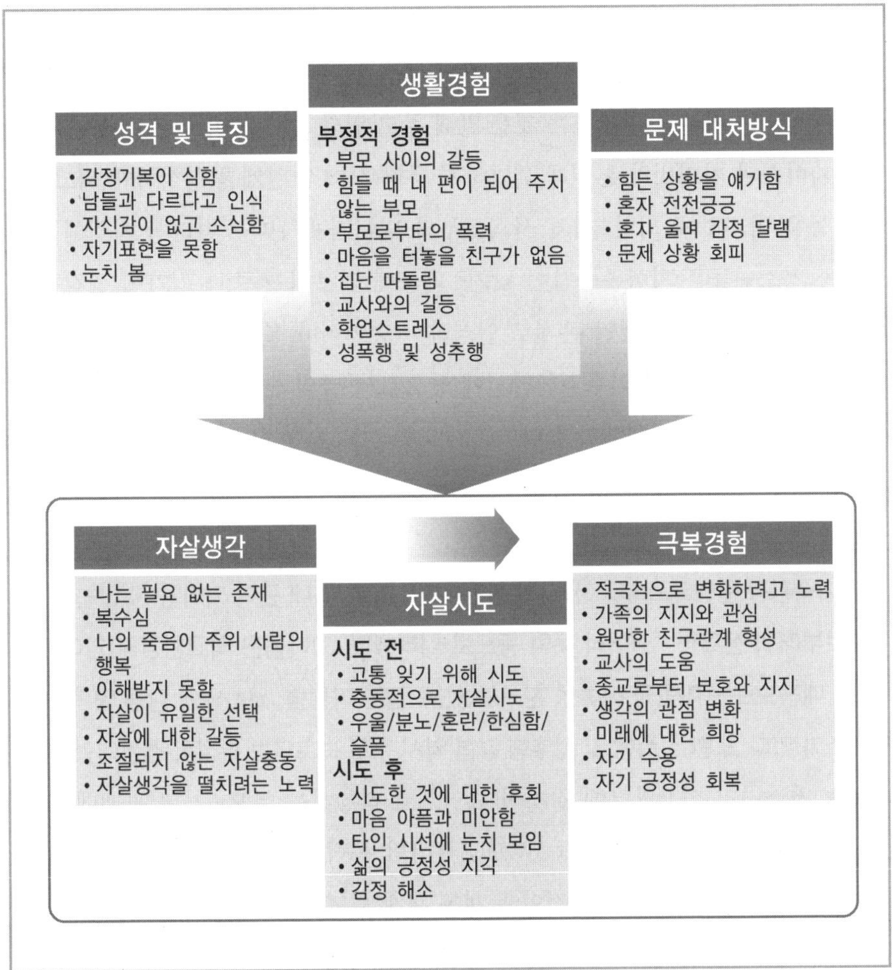

그림 2-1 청소년의 자살행동 및 극복경험 요약

이상에서 살펴본 자살행동 청소년을 대상으로 한 자살행동 및 극복경험에 대한 분석 결과 중 주요 내용을 요약하면 다음과 같다.

첫째, 자살행동을 보이는 청소년은 성격적인 면에서 감정기복이 심하고 자신을 남들과 다른 부정적인 존재로 인식하며 자신감이 없고 소심하여 자기표현을 하지 못하고 매사에 남의 눈치를 보는 특징이 있다.

이것은 자살행동 청소년들이 특히 자기 자신을 가치 있는 사람으로 느끼는 것이라 정의되는 자존감이 낮다는 것을 말해 주고 있다. 자존감이 낮은 청소년은 부정적 자아상과 자기비하로 인해 원만하지 못한 사회적 관계를 형성하게 되고, 문제 행동을 야기하게 되며, 점차 사회로부터 멀어지게 된다.[2] 따라서 자살행동을 보이는 청소년들은 자아존중감이 낮기[3] 때문에 외부의 기준과 평가에 민감하여 자신을 가치 없는 부정적인 존재로 인식하여 승인이나 불승인의 평가 잣대를 자신의 내부에 두지 않고 외부, 즉 타인에 둠으로써 남의 눈치를 보고 소심하며 자신감이 없다는 점을 기억해야 한다.

둘째, 자살행동을 보이는 청소년은 다양한 부정적 생활경험을 보고하였다. 대표적인 것이 가족환경 변인으로 부모 사이의 심한 갈등, 힘들 때 내 편이 되어 주지 않는 부모, 부모로부터의 신체적 · 언어적 폭력 등으로 나타났다. 그다음은 학교환경 변인이었는데, 그 내용으로는 마음을 터놓을 친구가 없음, 집단 따돌림, 교사와의 갈등 및 학업스트레스가 있다. 또한 성폭행 및 성추행 경험 역시 주로 보고되는 부정적 경험이었다.

이는 청소년의 성장발달에 결정적 요인으로 작용하는 부모-자녀 관계에서 부모 간의 갈등 및 부모와의 갈등, 부모로부터의 폭력과 같은 가족 간의 부정적인 경험에 노출될수록 비행, 심리적인 문제를 겪게 되고, 그러한 부정적 경험의 누적은 결국 자살과 같은 문제를 일으킬 수 있음을 시사한다.

또한 청소년기의 친구관계는 청소년의 적응과 사회적 발달에 절대적인 지지원으로 작용하기 때문에 이러한 지지체계가 무너지면 집단 따돌림이나 친구관계에서 오는 스트레스를 겪게 되고 이는 절망감, 우울감 또는 공격적인 충동성을 증가시켜 궁극적으로 자살 위험성을 높일 수 있다. 또한 학업 및 교사와의 관계에 있

2 서찬란(2005)

3 홍영수(2004); Brockner & Guare(1983)

어서 심리적인 어려움을 겪고 있는 청소년들이 학교생활에 부적응을 경험하게 되고 이는 학업스트레스를 증가시키는 한편, 교사와의 갈등을 유발시켜 심리적인 고통이 증가되어 궁극적으로 자살행동으로 이어지고 있음을 시사한다.

뿐만 아니라, 성폭행 및 성추행 경험은 충격적인 외상경험으로 성폭력 피해자들은 다른 폭력 피해자와는 달리 수치감, 죄의식, 타인으로부터의 낙인과 비난을 의식하며 피해 사실을 밝히지 않으려 하는 특징을 보여서[4] 혼자서 그 고통을 감당하려 하기 때문에 문제 행동이 내재화되어 자살행동을 유발할 위험이 크다.

셋째, 자살행동을 보이는 청소년의 문제 대처방식은 친구나 교사에게 힘든 상황에 대해서 얘기하지만 문제를 해결할 의도보다는 정서적으로 위로받기 위한 것으로 나타났다. 즉, 힘들 때 혼자 전전긍긍하고 울면서 감정을 달래는 등 정서중심적 대처로 문제 상황을 회피하는 것으로 나타났다.

문제 해결력은 내적 또는 외적인 요구와 도전에 적응하기 위한 인지적, 정서적, 행동적 과정의 복합적인 상호작용[5]으로 문제를 찾기 위한 일련의 과정을 수행할 수 있는 능력[6]이다. 이런 관점에서 볼 때 자살행동을 보이는 청소년들은 적극적으로 주위에 도움을 요청하거나 문제를 해결하려 하지 않고 주로 혼자서 문제를 끌어안고 힘들어 하면서 정서중심적이고 회피적으로 문제에 대처하고 있다.

넷째, 청소년의 자살행동 중 자살생각에 대해 알아본 결과, 자신을 필요 없는 존재로 인식하고 있어서 존재의 슬픔에 빠져 있고, 자신의 죽음이 주위 사람을 행복하게 한다고 생각하면서 그동안 자신이 사람들을 힘들게 했다는 죄책감을 느끼는 것으로 나타났다.

이러한 결과는 자신을 부정적으로 평가하고 각인하는 인지적 오류에 속하는 것

4 이종인(2006)

5 Heppner & Petersen(1982)

6 D'zurilla & Nezu(1990)

으로, 이러한 사람들은 삶의 의미를 거부할 뿐 아니라 삶을 비합리적으로 사고하는 경향을 보이므로 스트레스 상황에서 행동 양식이 부정적으로 치닫게 되는 특성이 있다[7].

한편, 자신을 괴롭힌 사람들에 대한 복수심과 충동성을 느낄 때에도 자살충동을 스스로 통제할 수 없다고 보고하고 있다. 청소년은 남을 조정하려는 의도와 자신에게 부당하게 대했다고 생각하는 가족이나 친구들에게 보복하기 위해 자살을 생각하고 시도하게 되는[8] 경향이 있다. 이는 자살행동 청소년들이 자신에게 스트레스가 되는 대상에 대해 직접적으로 분노를 표현하거나 공격하는 행위를 할 수 없다는 인지적 오류를 가지고 자신을 해치는 행위를 통해 상대에게 분노를 표현하는 2차적 공격 행위를 한다는 것을 의미한다. 즉, 상대에 대한 복수심은 상황에 대한 정확한 판단을 어렵게 만들고 사태를 감정적으로 처리하는 충동적 경향을 갖게 한다.

또한 주위로부터 자신의 고통을 이해받지 못하고 현재 고통에서 벗어날 수 있는 유일한 선택으로 자살을 선택했지만 그 순간에도 자살을 할지 말지에 대한 갈등과 자살생각을 떨치려고 노력하고 있는 것으로 나타났다. 자살행동을 보이는 사람들은 자살 직전에라도 구원의 손길이 제공된다면, 그 갈등의 균형이 삶의 추동 쪽으로 되돌려지는 것처럼[9] 자살행동을 보이는 청소년들도 자살시도에 대한 갈등을 하고 있다는 점을 기억하고 이들에게 가용적이고 지속적인 사회적 지지와 도움을 제공하는 것이 필수적이다.

다섯째, 자살행동 중 자살시도 전에는 고통을 잊기 위해서 자살을 시도했지만 자살시도 후 자살을 시도한 자신에 대한 한심함, 우울, 분노, 혼란, 슬픔 등의 복잡한 감정을

---

7 김성희(2010)

8 Glaser(1981)

9 박경애, 이재규, 권해수(1998)

느끼고 있었다.

특히 우울은 지속적인 상실감이나 무력감을 포함하는 정서장애에 이르기까지 인간의 광범위한 심리적 상태를 포함하는 것[10]으로, 자살에 있어서 단일 요인으로는 가장 결정적인 위험요인이다.[11] 우울 이외에도 청소년 자살은 충동성과 혼합되는 외부적 환경요인에 의해 주로 일어나며,[12] 자신에게 부당하게 대했다고 생각하는 가족이나 친구들에게 화가 나고 보복하고 싶은 마음과 함께 대체로 상황에 대처하지 못한 자신에 대한 한심함 등 외부 상황과 대상에 대한 분노와 자신에 대한 내적인 우울, 한심함, 슬픔 등의 여러 가지 감정에 대한 복잡한 생각과 감정 등으로 혼란을 겪고 있는 것으로 보인다.

자살시도 실패 후 자살을 시도한 것에 대해 후회와 마음 아픔과 가족에 대한 미안함을 느끼지만, 또 다른 한편으로는 답답한 감정이 해소되고 자신의 삶의 긍정성을 지각하는 등 자살시도가 주는 긍정적인 영향도 동시에 받고 있는 것으로 나타났다. 현실적인 고통을 견디기 힘들어서 자살을 시도했지만 죽음에 대한 두려움과 무서움이 존재하고, 자살시도한 것을 후회하고 그런 자신을 보며 가슴 아파하고 가족에 대한 미안한 마음이 드는 것으로 나타났다. 이렇게 정서중심적이고 회피적으로 문제를 대처하면서 고통을 벗어나기 위해 자살시도라는 극단적 선택을 함으로써 일시적이고 일부이지만 답답함이 줄고 마음이 편해졌다고 응답하였다.

여섯째, 자살행동을 보이던 청소년들은 주위의 지원체제인 가족의 지지와 관심, 교사에게 도움을 받으며 원만한 친구관계가 형성되는 경험을 하게 되었다.

지지체계 중 가족은 청소년에게 애정과 안위를 제공해 줌으로써 불안, 우울, 분노 등을 이겨 내고, 외부 스트레스 상황에서 적응해 낼 수 있는 가장 중요하고 직

10 김성일, 정용철(2001)

11 김형수(2006)

12 한국청소년상담원(2007)

접적인 일차적 사회체제다.[13] 한편, 교사는 학생의 잠재된 성공이나 실패에 영향을 미치며, 특히 학생이 위기 상태에 놓여 있을 경우 강력한 영향력을 미치므로[14] 가정이나 교우관계에 문제가 있을 때 교사에게 도움을 줌으로써 청소년들의 자살행동에 긍정적 영향을 주고 있다는 것을 알 수 있다. 또한 또래관계에서 상대방에게 신뢰감을 느끼고 지지를 받으면 심리적 안녕과 바람직한 적응에 도움이 되므로[15] 원만한 친구관계 회복을 통해 또래와 얘기하고 지지를 주고받음으로써 청소년들은 가정이나 학교 등 외부적인 스트레스 상황에서 오는 현실의 고통에서 탈출할 수 있는 큰 힘을 얻는다.

한편, 자살행동을 보이던 청소년은 나름대로 자살행동 극복경험을 통해 고통에서 벗어나기 위해 적극적으로 변화하려 노력하고 실천하고 있었다. 우울 성향이 있고 자존감과 사회적 지지 만족도가 낮으며 사회적응을 잘하지 못하는 청소년들은 주로 회피적 대처[16]를 사용하지만, 지지체계의 관심과 지지를 받고 이렇게 살면 안 되겠다는 동기가 생기면서 문제 해결 대처방식을 해결 중심 대처방식으로 바꾸면서 발달적, 환경적 어려움이 닥쳤을 때 적극적으로 현실에 대처해 나가는 모습을 보이고 있었다.

또한 부정적으로만 보았던 것들을 관점을 변화시켜 긍정적으로 보게 되고, 미래 희망을 가지고 자기성장을 실현하는 경험은 자기통제력의 증진과 낙관성으로 이어진다. 자기통제력은 외압이 없이 자신이 전에 행했던 부적절한 행동의 빈도를 줄이고 새로 선택한 유용한 행동의 빈도를 증가시키는 것으로,[17] 자기통제력이 발달한 사람은 장기 이득을 위한 욕구 지연이 가능하고 분별력이 있으므로 위기 환경 속에서도 문제 행동을 덜 보이며 억제할 수 있다. 또한 낙관성은 미래에 좋

---

13 문동규(2011)

14 Kelly & Corcoran(2003)

15 Armsden & Greenberg(1987)

16 Seiffge-Krenke(1995)

은 일이 많이 생길 것이며 나쁜 일은 잘 일어나지 않을 것이라는 일반적인 기대[18]로서 행복과 정신건강에 긍정적 영향을 미친다.[19] 따라서 자살행동을 보이는 청소년들도 적절한 도움을 받는다면 현실에서 부딪치는 어려움에 대해 부적절한 대처행동을 줄이고, 미래에 대한 희망감과 좋은 일이 일어날 것이라는 낙관적인 생각을 하면서 이런 자신을 수용하며 자기통제력을 높여 가는 경험을 통해 자살행동을 극복해 나갈 수 있음을 시사한다.

17 김남성(1995)

18 Scheier & Carver(1992)

19 Seligman(1991)

03

청소년 자살행동 치료프로그램 개발과정

1. 프로그램 기획 단계
2. 청소년 자살행동 치료프로그램 구성
3. 예비 프로그램 실행 및 평가

제3장에서는 새로운 '청소년 자살행동 치료프로그램'의 개발 과정을 소개한다. 기존의 자살 예방프로그램이 다수 존재하지만 청소년의 자살행동에 대한 실제 사례 분석에 기초하고 엄정한 프로그램 개발 과정을 거쳐 실제 학교 장면에서 바로 사용할 수 있도록 고안된 치료프로그램은 많지 않다. 특히 청소년기의 자살행동에는 일반 성인들의 경우와 구별되는 특징이 존재하기에 현장 전문가들의 면밀한 요구조사(needs assessment)를 반영한 치료프로그램을 개발할 필요가 있고, 때문에 이 책에 제시한 프로그램은 개발 과정의 타당성과 엄정성의 측면에서 많은 시간과 노력을 담보함으로써 여타의 프로그램과 차별성이 있다. 이 프로그램의 개발 과정은 김창대(2002)가 제안한 절차에 입각하여 진행되었고 그 세부 내용은 다음과 같다.

1. 프로그램 기획 단계

1) 현장 요구 분석

먼저 자살행동 청소년의 특징을 파악하여 실제 현장에서 꼭 필요한 구성 요소를 도출하기 위해, ① 현장요구도 설문조사, ② 현장전문가 포커스그룹 인터뷰(Focus Group Interview: 이하 FGI), ③ 자살행동 청소년 대상 심층 면담을 실시하였다. 이 중 자살행동 청소년을 면담한 사례 분석에 대해서는 제2장에서 이미 상세히 기술한 바 있다. 이 장에서는 각 요구조사 방법별 분석 결과 및 시사점을 중심으로 간략히 제시할 것이다.

(1) 현장요구도 설문조사

지역상담 센터에서 자살행동 청소년을 대상으로 현재 진행하는 프로그램들과 관련된 문제 및 개선사항과 자살행동 청소년의 특성 및 요구사항을 파악하기 위해 청소년 지원센터 근무자 15명을 대상으로 실시한 현장요구도 설문조사 결과 및 시사점은 다음과 같다.

〈표 3-1〉 현장전문가 대상 요구조사 영역 및 내용

조사영역	문항별 세부 내용
자살행동 청소년 및 부모 상담 사례 현황	자살행동 청소년 및 부모 상담 사례 수(경제적 수준)
자살행동 청소년 및 부모 상담 사례 현황	자살행동 청소년 및 부모 상담 사례 수(가정형태)
프로그램 운영상 어려움	프로그램 진행 시 예상되는 애로사항
프로그램 운영방식	프로그램 실시 회기 수
프로그램 운영방식	프로그램 회기 시간
프로그램 운영방식	프로그램 집단구성원 수
프로그램 개발 시 필요한 내용	① 긍정적 생각 ② 미래의 꿈 ③ 가치관
프로그램 개발 시 필요한 내용	④ 자기이해 ⑤ 용서 ⑥ 감사
프로그램 개발 시 필요한 내용	⑦ 자기관리 ⑧ 의사소통 ⑨ 낙관성
프로그램 개발 시 필요한 내용	⑩ 시간관리 ⑪ 문제 해결 능력 ⑫ 생명존중
프로그램 개발 시 필요한 내용	⑬ 정서조절 ⑭ 학업증진 ⑮ 기타(　　)

첫째, 현장전문가가 상담한 자살행동 청소년 및 부모의 가정 경제적 수준은 총 74건이었는데 그 내용으로는 하류층 35건(47.3%), 중류층 28건(37.8%), 중상류층 10건(13.5%), 상류층 2건(2.7%) 순으로 나타났고, 가정형태는 일반가정 49건(66.2%), 한부모가정 14건(18.9%), 조손가정 5건(6.8%), 재혼가정 3건(4.1%), 친척 2건(2.7%), 다문화가정, 보육시설 각각 1건(1.4%)으로 나타났다. 즉, 자살행동 청소년의 경우 경제적으로 어려운 하류층의 청소년과 양친부모 가정 사례가 많이 있는 것으로 나타났다.

따라서 양친부모 가정의 자살행동 청소년에 대한 개입뿐 아니라 저소득가정의 청소년들을 고려한 개입이 필요함을 의미한다.

둘째, 프로그램 실시 때의 어려움으로는 '동기저하 및 자발적인 참여의 어려움' 이라고 응답한 비율이 33.3%로 가장 많았으며 '적절한 치료프로그램 부족' 이라고 응답한 비율이 26.7%, '정서적 불안정으로 인한 자기개방의 어려움' 과 '전문 인력과 예산 부족' 이라고 응답한 비율이 13.3%, '프로그램 실시 시간 및 장소 확보의 어려움' 과 '학부모의 인식이나 협조 부족' 이 6.7% 순으로 나타났다.

이는 자살행동 치료프로그램이 자기이해 증진, 정서인식 및 조절, 생명존중 의식 강화, 미래의 꿈, 긍정적 생각, 강점과 가치관, 감사, 용서, 의사소통, 낙관성 증진 등 다양한 내용으로 구성될 필요가 있음을 시사한다.

셋째, 프로그램 운영방식에 대해 살펴본 결과, 10~12회기(40.0%)가 가장 많았으며, 8~10회기(26.7%)가 두 번째로 높았다. 1회기 운영 시간은 60~90분(40.0%), 45~50분(33.3%) 순으로 나타났다. 참여 적정 인원수는 가장 높게는 6~8명과 9~10명이었는데 각각 33.3%로 동일하게 나타났다.

이러한 결과는, 현장전문가들은 실제로 프로그램이 개발되었을 때 동기저하 및 자발적인 참여의 어려움으로 대상을 확보하는 데 어려움이 있고 적절한 치료프로그램의 부족이 어려움으로 부각될 수 있음을 보여 준다. 따라서 프로그램 운영 시 청소년들의 참여 동기를 높이면서 타 프로그램과는 차별화되는 자살행동 청소년에게 적절한 프로그램 개발이 필요하다.

넷째, 청소년의 자살행동 치료프로그램 개발 시 필요한 프로그램 내용으로는 자기이해(12명), 정서인식 및 조절과 생명존중(10명), 미래의 꿈과 긍정적 생각(8명), 강점과 가치관 및 감사(7명), 용서와 의사소통(6명), 낙관성(4명), 문제 해결 능력(3명), 시간관리 및 학업증진(1명) 등의 다양한 내용이 바람직한 것으로 나타났다.

이는 많은 인원보다는 소집단의 형태로 청소년들에게 충분히 자살행동 극복에 대한 동기가 강화될 수 있도록 진행될 필요가 있음을 시사한다.

(2) 현장전문가 FGI

중등학교 전문상담사 및 전문상담교사, 지역상담 센터 및 개인상담 센터에서 자살행동 청소년 5명 이상을 상담한 경험이 있는 현장전문가 13명을 대상으로 현장전문가 FGI를 실시하였다. 현장전문가 FGI 질문 내용은 〈표 3-2〉와 같다.

〈표 3-2〉 현장전문가 FGI 질문 내용

번호	질문 내용
1	선생님이 만나는 아이들은 어떤 이유로 자살행동을 하였나요?
2	자살행동 청소년에게 어떻게 접근하셨나요?(접근하시고 계신가요?)
3	상담한 아이 중에 자살행동이 잘 줄지 않고 적응을 하지 못하고 있다고 생각되는 아이가 있다면 어떤 요인이 있었을까요?
4	상담한 아이 중에 자살행동이 줄고 잘 적응하고 있다고 생각되는 아이가 있다면 어떤 요인이 있었을까요?
5	자살행동 청소년에 대한 치료 개입 시 가장 핵심적인 요소는 무엇이라고 생각하시나요?
6	만약 이들을 위한 프로그램을 구성한다면 어떤 것이 들어가면 좋을지 생각나는 대로 말씀해 주세요.

현장전문가 13명으로 구성된 FGI 질문 내용 분석 결과를 요약하면 〈표 3-3〉과 같다.

현장전문가 13명을 대상으로 실시한 현장전문가 FGI 결과 및 시사점은 다음과 같다. 〈표 3-3〉에서 각 응답을 한 전문가를 명시했기 때문에 편의상 여기에서는 해당 내용을 어떤 특정 전문가(들)이 제시했는지의 여부는 생략하고 주요 결과 및 의미에 대해서 간략히 제시하기로 한다.

〈표 3-3〉 현장전문가 FGI 분석 결과

질문	응답 내용		응답자
	영역	구체적 내용	
① 자살행동 이유	또래관계	'왕따' 와 따돌림으로 인해 상처를 받음	전문가 1, 5, 7, 8, 13
		친구관계에서의 갈등 어려움으로 습관적으로 자해행동을 하는 아이들	전문가 9
		학교폭력	전문가 6
	가정불화	부모님 싸움, 이혼위기	전문가 8, 9, 10, 12
		부모의 지나친 간섭, 억압, 폭력, 알코올 중독	전문가 3, 7
		아버지의 폭력과 폭언	전문가 1, 6
		재혼가정에서 새어머니와의 갈등 및 불화	전문가 8
	성 관련	성추행	전문가 1
		성폭행	전문가 3
	자신의 존재감 상실	무가치함	전문가 2, 5
		자신의 존재에 대한 부인으로 자해를 함	전문가 1, 11
	심리·정서적 어려움	심리적으로 우울, 분노, 스트레스, 적대감, 무기력한 아이들	전문가 7, 8
		애정적 상실과 결핍감이 높을 때	전문가 10
		미래에 대한 막연한 불안감	전문가 13
		부모의 양육태도 및 양육방식에 대한 불만	전문가 5, 13
	기타	친구 자살로 인한 죄책감	전문가 8
		현재 처지 비관으로 인한 일시적 충동	전문가 13
		거식증	전문가 9
	검사를 통한 대상자 선별	우울증 검사, 자살행동 척도를 통해 1차적으로 대상자를 걸러 냄	전문가 1

② 접근방법	원인 탐색	처음부터 자살에 대한 이야기를 꺼내기보다는 우울이 높게 나타났는데 이것은 어떤 어려움이 있는지를 물어봄으로써 접근함	전문가 1, 3
		원인을 탐색	전문가 2, 5
		자살행동 청소년의 보호요인과 위험요인을 파악함	전문가 8
	공감과 수용을 통한 심리적 지지	자살 이유와 배경에 대해 평가하지 않고 충분히 듣고 공감 반응 하기	전문가 13
		자기 자신의 있는 그대로의 모습 수용	전문가 5
		상담이 한 번 이상 이뤄진 아이들과는 친밀한 관계를 유지하고 연락을 함	전문가 3
		정신역동적 아동기 반응을 지지해 주고 공감해 주는 방법	전문가 11
	해결중심 문제 대처	적절한 대처방법 찾기	전문가 2, 5
		문제 상황에 대한 또 다른 적절한 해결책 찾기	전문가 12
		비합리적 신념을 합리적 신념으로 바꿈	전문가 8, 11
	삶의 동기 강화	상담 중 활동을 통해 성취감을 스스로 느낄 수 있도록 도와줌	전문가 5
		미래의 꿈을 찾아서 삶의 동기를 찾을 수 있도록 진로상담으로 접근	전문가 7
		삶의 목표와 동기 찾아 삶에 적용하기	전문가 13
	기타	문제 유형에 따라 부모상담 및 교사상담	전문가 6, 13
		자살시도를 하지 않겠노라는 서약서를 함께 작성하는 과정을 거침	전문가 2, 8
	전문 기관 연계	심각할 경우 병원 및 전문치료 기관 연계 후 상담개입	전문가 6
		전화나 문자서비스	전문가 13
		LIFE 프로그램	한국청소년상담복지개발원
	자살행동에 대한 가족의 부적절한 대처	자살행동을 하면서 가족 및 주변의 관심이 없는 경우	전문가 1, 12
		자살행동으로 인한 가족들의 과잉 관심	전문가 2
		자신의 자살행동이나 자살사고를 통해 주변 사람을 조정하고자 하는 의도	전문가 2

③ 장애요인		가족의 자녀에 대한 이해 부족과 대처방법의 전환 미숙	전문가 13
	환경요인	가정불화, 경제적 어려움, 폭력, 방임, 부재, 부모 이혼, 일방적 양육태도 등에 노출되어 있을 때	전문가 3, 5, 8, 10
		학교 부적응 요인으로 또래관계 문제, 왕따, 집단폭력 등에 노출되어 있을 때	전문가 8, 9
	왜곡된 신념	스스로 모든 일에 피해자라는 의식	전문가 7
		편향되어 있는 가치관과 심리적인 고립감	전문가 10
	무기력	우울감과 무기력감을 동반한 자살행동	전문가 10
		문제 해결에 대한 의지부족	전문가 12
		무기력	전문가 12, 13
④ 변화요인/핵심요인	관심, 격려, 지지	가족의 관심과 지지	전문가 1, 12, 13
		친구의 지지와 격려	전문가 3, 10
		교사의 지지와 격려	전문가 13
		공감과 경청, 따뜻한 미소와 다정다감함, 아이의 결핍된 부분을 채워 갈 수 있도록 지지	전문가 3
		부모, 교사, 친구, 상담자 등의 무조건적인 지지와 관심	전문가 6
		사람들이 나를 알아봐 주고 신경써 주길 바라는 마음	전문가 7
	자존감 향상	고민했던 일들에 직면하고 의외로 잘 이겨 나가는 스스로를 느낄 때	전문가 2
		자신의 괜찮은 점 발견 후 할 수 있다는 생각이 듦	전문가 5
		건강한 자기애	전문가 13
		자기 자신의 존재가치에 대한 인식의 변화	전문가 12
	상담	상담에 대한 적극적인 자세	전문가 6
		상담을 통해 변화하고자 하는 의지	전문가 8
		정서적 지지상담, 내담자 강점강화, 추수상담 등으로 정서조절, 내면에 힘이 생김	전문가 8
		상담자, 내담자, 보호자와의 상호 협력	전문가 13
		부모와의 지속적인 상담과 교육	전문가 5

		불안 다루기	전문가 7
		고(高)위험군일 경우 위기개입이 필요	전문가 8
④ 변화요인/핵심요인	대처방법 찾기	스트레스에 대해 적절히 대처하고 비합리적 신념을 합리적 신념으로 바꾸기	전문가 5, 8
		자살이 아닌 다른 방법으로도 자신의 의사를 표현할 수 있도록 대처방법 찾기	전문가 12
		지속적인 상담과 교육으로 원만한 의사소통과 대처방법 등을 찾아 활용함	전문가 5
		대화상대를 찾음	전문가 3
		지금의 학교생활이나 가정생활이 힘들어도 미래에 자신이 되고 싶은 모습을 상상하며 이겨 냄	전문가 7
		전문기관 연계, 복지단체, 후원단체 연계	전문가 6, 8
		자기이해를 통한 변화	전문가 2, 9
		정서적 돌봄과 어려움을 알아주고 해결할 수 있도록 힘을 주는 것	전문가 1
		부모님의 자살행동 청소년에 대한 양육태도의 변화	전문가 12
	심리적 안정	스트레스, 무망감 등 정서적 불안정에 대한 정서적 개입	전문가 8
		이해받는 느낌, 존중, 수용, 믿음	전문가 9, 10
		안전한 상황 만들기	전문가 13
⑤ 프로그램 제안점	프로그램 세부 구성요소	자살하려고 하는 원인과 문제 파악하기	전문가 1
		하고 싶었으나 하지 못했던 이야기를 직접 하기	전문가 2
		자신의 감정 충분히 나누기	전문가 13
		자기이해 및 자기조절 능력 키우기	전문가 6, 10, 13
		삶에 대한 동기 강화 및 목표설정	전문가 9, 13
		스트레스 해소	전문가 5
		무력감 다루기	전문가 9
		인지적 왜곡 또는 비합리적 신념을 합리적 신념으로 바꾸기	전문가 5
		낙관성 키우기	전문가 12

⑤ 프로그램 제안점	다양한 프로그램 접근	문제 해결 기술훈련	전문가 2
		애착관계 경험 훈련	전문가 2
		자아존중감 향상 프로그램	전문가 3
		의사소통 기술 향상 프로그램	전문가 9, 12
		생명존중 프로그램	전문가 8
		마음챙김명상	전문가 8
		수용전념치료	전문가 8
		사회성 개발	전문가 9
		영화를 활용한 상담	전문가 9
		자기 주장 훈련	전문가 9
		진로상담	전문가 12
		긍정심리학(감사, 칭찬, 용서, 강점강화, 긍정정서초점)	전문가 12
	기타	청소년 프로그램과는 별개로 이루어지는 부모상담	전문가 2
		교사교육	전문가 9, 13
		약물치료에 대한 필요성 탐색	전문가 9
		친구, 교사 등 자신 주변의 자원 활용을 통한 지지체계 구성	전문가 13

첫째, 자살행동 청소년들이 프로그램에 참여하여 자살행동을 줄이기 위해서는 부모, 교사, 친구 등의 적극적인 지지와 관심이 필요하다.

자살위기 청소년들이 프로그램에 참여하기 위해서는 학부모의 허락, 학교 교사들의 적극적인 개입과 지속적인 사후관리 그리고 친구들의 따뜻한 관심과 격려가 필수적이다. 즉, 지속적인 지지가 필요한데 만약 프로그램에 참여하고 나서 가정이나 학급으로 돌아갔을 때 장애요인(가정폭력 및 학교폭력)들이 여전히 잔존하고 있다면 다시 좌절을 맛보고 실의에 빠질 수 있기 때문에 그들의 심리적인 상태를 이해하고 부모, 교사 및 친구들이 든든한 지지체계가 될 수 있는 분위기를 조성하는 것이 중요하다.

둘째, 자살위기 청소년들로 하여금 자살에 대한 위험요인과 보호요인을 발견하도록 하는 것이 중요하다.

따라서 자살행동 개입 프로그램에 나를 힘들게 하는 원인 찾기, 나를 살게 하는 원인 찾기, 행복한 추억 찾아가기, 자살행동의 득과 실 찾기 활동 등을 포함하는 것이 바람직하다.

셋째, 청소년의 자살행동을 막는 데는 개인 내적인 자원을 발견하는 것이 중요하다. 전문가들은 자살행동과 생각을 변화시킬 수 있는 중요한 요인으로 자존감 향상과 심리적 안정을 제안하였다.

청소년의 자존감 향상 요인으로는 자신의 괜찮은 점을 발견하도록 하는 것, 건강한 자기애의 형성, 자신의 존재가치에 대한 인식의 긍정적 변화가 제안되었으며, 심리적 안정 요인에는 스트레스, 무망감 등 정서적 불안정에 대한 정서적 개입, 이해받는 느낌, 존중, 수용, 믿음이 포함되었다. 아울러 자살행동에 대한 대처방법으로는 스트레스에 대해 적절히 대처하고 비합리적 신념을 합리적 신념으로 바꾸는 것, 자살이 아닌 다른 방법으로 자신의 의사를 표현할 수 있도록 돕는 것, 지금의 학교생활이나 가정생활이 힘들어도 미래에 자신이 되고 싶은 모습을 상상하도록 하는 것, 자기이해를 통한 변화 등과 같은 내적 자원을 개발하는 것 등이 제안되었다. 따라서 집단프로그램을 구성할 때, 자존감을 향상하고 심리적 안정감을 찾을 수 있는 내용 등 개인 내적 요인을 변화시킬 수 있는 내용으로 회기를 구성할 필요가 있다.

넷째, 자살행동 청소년의 가치관을 긍정적으로 변화시키기 위해서는 무조건적으로 낙관적인 전망을 제시하기보다는 현재 자신의 감정과 상황을 분명히 인식한 후 부정적 상황에서 벗어날 수 있도록 해야 한다.

전문가들은 자살위기 청소년들로 하여금 그들이 하고 싶었으나 하지 못했던 이야기나 감정을 충분히 표현할 수 있도록 함으로써 스트레스를 해소하고 낙관성을 증진하는 것이 중요함을 제안하였다. 자살행동 청소년들이 자살행동을 하는 이유는 다양한데, 예를 들어 전문가들은 또래관계에서 왕따나 따돌림으로 인한 상처, 부모의 싸움이나 이혼위기, 부모의 지나친 간섭, 억압, 폭력, 알코올 중독, 자신의 존재감 상실, 우울, 분노, 스트레스, 적대감, 무기력함, 애정 대상 상실과 결핍감 등을 언급하였다. 이러한 요인들은 자살행동 청소년이 자력으로 변화시킬 수 없는 환경적, 심리적 요인이기에 이에 대해 청소년 자신이 평소에 가지고 있던 감정을 알아차리고 해소할 수 있도록 해야 동일한 환경적, 심리적 상황에서도 자살생각과 행동을 줄일 수 있다. 이는 자살 예방프로그램의 구성 요소에 청소년들로 하여금 평소 자신의 감정에 대해 민감하게 알아차리고 해소할 수 있도록 돕는 활동이 포함되어야 함을 시사한다.

다섯째, 다양한 활동 프로그램을 통합적으로 적용하는 치료프로그램이 요구된다. 이는 자살행동 청소년들이 보이는 문제가 어느 한 가지 요인에만 의한 것이라고 보기 어렵다는 데 그 이유가 있다. 전문가들은 자존감 향상 프로그램, 의사소통 기술 향상 프로그램, 생명존중 프로그램, 긍정심리학 등의 요소를 통합적으로 포함시키는 것이 바람직하다는 견해를 제시하였다.

(3) 자살행동 청소년 대상 심층 면담 내용 분석

이 부분은 제2장에서 이미 상세하게 언급한 바가 있기에 여기서는 주요 결과와 시사점 중심으로 간략하게 언급하고자 한다. 자살위기 청소년들과의 심층 면담 사례를 분석하여 다음과 같이 이들이 자살행동을 하게 된 이유, 자살행동 후의 변화, 자살행동이 줄어든 계기에 대해 실시한 심층 면담 결과 및 시사점을 제시하였다.

첫째, 자살행동을 보이는 청소년은 매사에 남의 눈치를 보고 자신감이 없고 소심하며 자신을 남들과 다른 부정적인 존재로 인식하고 타인에게 자신을 맞추는 행동을 보였다.

따라서 자신을 있는 그대로 수용하고 받아들일 수 있도록 심리적인 지지가 필요하며 자존감을 높일 수 있는 경험이 필요하다.

둘째, 자살행동을 보이는 청소년은 생활 전반에서 부정적 경험을 많이 보고하였는데, 예를 들어 부모 사이의 심한 갈등, 힘들 때 내 편이 되어 주지 않는 부모, 신체적 · 언어적 가정폭력, 마음을 터놓을 친구가 한 명도 없음, 집단 따돌림, 성폭행 및 성추행 등이 언급되었다.

따라서 프로그램 구성 시 자신의 부정적인 경험 내용을 정확하게 파악하고 힘들어 하는 부분을 명확하게 지각할 수 있도록 하고 이러한 경험을 있는 그대로 바라보는 작업을 통해 자신을 이해하고 수용함으로써 자살행동의 원인과 해결책을 탐색하는 것이 필요하다.

셋째, 자살행동을 보였던 청소년들의 문제 대처방식은 힘든 상황을 교사나 친구에게 얘기하여 위로 받으려 하고, 혼자서 전전긍긍하고 울면서 감정을 달래는 등의 정서적인 반응이 주를 이루었고 문제 상황에 직접 직면하기보다 회피하는 것으로 나타났다.

따라서 정서 및 회피적인 대처방식을 보다 적응적인 문제중심 대처로 바꾸기 위해서 현재 자신의 모습을 알고 자신의 감정과 의사를 표현하고 주위 사람들에게 도움을 요청하는 방법을 연습하고 충동적인 행동을 통제하는 작업이 필요하다.

넷째, 자살행동 청소년들은 주로 자신을 필요 없는 존재로 인식하고 있으며 자신의 죽음이 주위 사람을 행복하게 한다고 생각한다. 그동안 내가 사람들을 힘들게 했다는 죄책감과 자기 존재에 대한 슬픔에 빠져 있거나, 때로는 자신을 괴롭힌 사람들에 대한 복수심과 함께 자살충동을 느끼며 이러한 자살충동을 스스로 통제할 수 없다고 보고하고 있었다.

동시에 현재 고통에서 벗어날 수 있는 유일한 수단으로 자살을 선택했지만 그 순간에도 자살을 할지 말지에 대한 갈등과 자살생각을 떨치려고 노력하고 있는 것으로 나타났다. 따라서 이들에게 자살충동을 통제할 수 있는 자기통제 활동과 자신을 가치 있는 존재로 볼 수 있도록 자존감을 높이는 활동 및 미래 원하는 모습이 어떤 모습인지 탐색하여 자신의 미래를 가꾸고 긍정적으로 조망할 수 있는 활동을 프로그램에 포함시키는 것이 바람직하다.

다섯째, 자살시도 전에는 고통을 잊기 위해서 자살을 시도했지만 자살시도 후 자살을 시도하려는 자신에 대한 한심함, 우울, 분노, 혼란 등의 복잡한 감정을 느끼거나 한편으로는 일부 답답한 감정이 해소되고 자기 삶의 긍정성을 지각하는 등 자살시도가 주는 긍정적인 영향도 동시에 받고 있는 것으로 나타났다.

따라서 자살행동을 단순히 부정적인 시각에서 하지 말아야 할 행동이라고 주입하기보다는 자살행동에 대한 이득이나 손해를 따져 보는 활동을 통해서, 자살행동을 함으로써 나타나는 손해를 줄이고 이득은 늘릴 수 있는 대안활동 탐색이 필요하다.

여섯째, 자살시도 극복경험에 대해 살펴보면, 고통에서 벗어나기 위해 적극적으로 변화하려 노력하고 실천하며 이러한 실천과 함께 주위의 지원체제인 가족의 지지와 관심, 교사의 도움, 원만한 친구관계 형성 등의 경험을 하게 된 것으로 보고하였다.

따라서 부정적으로 바라보던 관점을 낙관적 및 긍정적으로 바라볼 수 있도록 활동을 이끌고 같이 참여하는 친구들 간의 피드백을 통해서 긍정성을 회복하는 것이 중요하다. 또한 과제를 통해서 적극적으로 실천하고 노력하며 그에 따른 성공경험들이 쌓이면서 자기성장을 실현해 갈 수 있도록 하는 활동을 프로그램에 포함시키는 것이 필요하다.

(4) 요구조사 분석에 따른 프로그램 구성 중점

현장요구도 설문조사, 현장전문가 FGI, 자살행동 청소년 심층 면담 결과들이 프로그램 구성에 공통적으로 시사하는 바는 다음과 같다.

첫째, 청소년 자살행동 개입 프로그램은 청소년의 자살행동 배경부터 자살시도 선택 과정 및 자살시도 후 변화, 자살행동 극복 과정을 자살행동의 발달과정으로 이해하여 접근함이 필요하다.

둘째, 이 과정에서 부모, 교사 및 상담자, 친구 등의 지지적 환경이 영향을 미치고 있으므로 이러한 지지자원의 확보, 유지, 강화에 주안점을 둘 필요가 있다.

셋째, 자살행동 극복 과정은 생활 적응 노력을 통해 '심리적 성장과 발달' 로 통합되는 과정으로 이해할 필요가 있다.

이러한 결론을 토대로 [그림 3-1]과 같은 프로그램 구성 방안을 마련하였다.

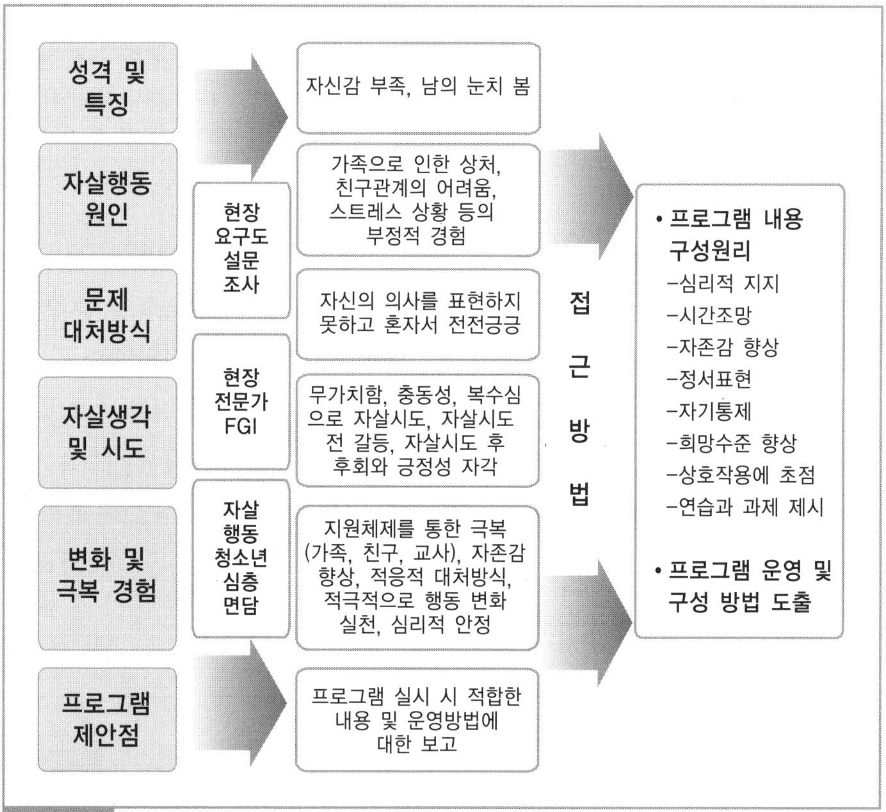

그림 3-1 요구조사에 따른 프로그램 구성 방안

2) 문헌 연구

보다 입체적이고 다면적인 프로그램 요소를 포괄하기 위해서 앞서 실시한 현장 요구분석에 덧붙여, 기존의 자살행동 청소년 관련 문헌들을 함께 고찰하여 개입 중점요소를 선정하였는데 여기에는 심리적 지지, 자존감, 시간조망, 자기통제, 희망수준, 정서표현 등 6가지가 포함되어 있다.

(1) 심리적 지지

자살행동을 보이는 청소년들이 자살행동을 극복하기 위한 노력을 하기 위해서는 새로운 모험을 감수할 수 있는 심리적 기반과 지지가 필요하다. 이를 위해서는 청소년 자녀에 대한 부모의 안정적이고 수용적이며 지지적인 관계가 선행되어야 한다[1]. 그러나 많은 자살행동 청소년은 별거와 이혼 등의 가족 구조적 변화, 부부 갈등, 부모-자녀 간의 갈등, 가족 간의 역기능적 의사소통, 부모와의 갈등, 가족 내의 소외감[2] 등의 문제가 있었다. 이러한 원인에 의해 애착관계를 형성하지 못한 청소년들의 경우 새로운 시도에 대한 불안, 자신에 대한 부정적 정서, 교사와 또래와의 관계에서 어려움을 가질 수 있고,[3] 그 결과 자존감이 저하되고 비행행동을 일으킬 수 있으며 심하면 자살생각이나 행동까지 연결된다.[4]

이와 관련하여 심리적 기반과 지지를 향상시킬 수 있는 방법인 성인 역할모델을 갖기 어려운 고(高)위험청소년들이라면 근접한 거리에서 청소년의 발달을 촉진시켜 줄 수 있도록 성인 역할모델을 제공해 주는 것이 유용하다.[5] 즉, 상담자가

1 지수경(2001); 지승희, 이혜성(2001)

2 우선유(1999); 하상훈(2003); 하연희(2001); 한기석, 정영조(1992); 홍나미(1998); Laster(1981); Marcenko, Fishman, & Friedman(1999); Range(1993); Wright(1985)

3 Stanton-Salazar & Spina(2000)

4 김운삼(2001); 전영주, 이숙현(2000)

5 박현선(2010)

같이 있어 주고 편견 없이 그대로 수용해 주고 들어 주는 경험이 변화를 시도하는 데 동기를 부여하고 새로운 행동을 촉진시킨다.[6]

따라서 치료프로그램 구성 및 운영 시, 지도자가 편견 없이 이들의 삶을 수용해 주고 이야기를 들어 주는 등 진정한 관심과 돌봄, 이들에 대한 공감과 수용이 지속적으로 전달되도록 반응과 환경을 조성하고, 청소년들이 서로에게 격려해 주고 용기를 주는 지지적인 상호작용에 초점을 맞추어 그들이 심리적인 안정과 지지를 느낄 수 있도록 해야 할 것이다.

(2) 자존감

자존감은 자신에게 부여하는 가치로, 자기를 존중하고 가치 있는 사람으로 생각하는 것을 의미한다. 이러한 긍정적 자존감은 개인 차원의 보호요인[7]으로 자존감이 높으면 스트레스와 좌절 등의 상황에 긍정적으로 대처할 수 있게 하기 때문에 자살행동의 위험을 감소시키는 효과가 있는데, 가족의 지지가 높은 청소년보다 오히려 낮은 청소년에게 그 영향력이 더 큰 것으로 나타나 자존감은 가족자원이 부족한 경우에도 삶의 도전과 스트레스를 잘 극복할 수 있게 해 주는 강력한 보호요인이 될 수 있다.[8]

따라서 프로그램을 통해 자신의 가치를 탐색하게 하고 성격강점 및 성공경험 탐색을 통해 자신을 긍정적인 존재로 인식하도록 하며, 과거, 현재, 미래에 대한 조망을 통해 자기를 수용하게 하고 나아가 미래 모습 탐색을 통해 성취동기를 높일 필요가 있다.

---

6 지승희, 김명식, 오승근, 김은영, 이상석(2008)

7 Groholt, Ekeberg, Wichstrom, & Haldorsen(2005); Sharaf, Thomson, & Walsh(2009)

8 Sharaf, Thomson, & Walsh(2009)

(3) 시간조망

시간조망(time perspective)은 물리적인 시간에 대한 각각의 개인의 심리적인 느낌으로, 인간이 직접적으로 경험하는 것은 현재지만, 내적 과정을 통하여 과거와 미래를 지금의 한 부분으로 인식하며, 이것은 주어진 시간에 존재하는 개인의 심리적 과거와 미래에 대한 관점의 종합이다.[9] 이러한 시간조망에 대해서 자살자들이 가지는 공통적 특징은 시간조망의 축소다.[10] 즉, 현재의 고민과 고통들에 압도되어 있다. 자살사고가 높은 청소년들은 그렇지 않은 청소년들에 비해 과거에 대해 비관적이고 부정적이며 회피하려는 태도인 과거 부정적(Past-Negative) 시간조망 그리고 자신의 삶은 자신이 조절할 수 없는 힘에 의해 좌우된다고 생각하는 현재 숙명적(Present-Fatalistic) 시간조망을 보였다.

따라서 시간조망을 확대시키기 위해서는 과거긍정과 미래지향 시간조망을 넓혀 자신이 과거에 살았던 삶, 현재 생활 그리고 앞으로 전개될 미래 모습에 대해 균형 잡힌 통합된 조망을 가지도록 해야 한다. 시간조망은 학습된 것이므로 수정이 가능하며. 시간조망의 변화는 그것과 관련하여 발생하는 행동들도 바꿀 수 있다.[11]

이를 위해서는 프로그램 구성 시, 자살행동 청소년이 겪고 있는 부정적 · 긍정적 경험들을 구체적으로 나열하여 어떤 부정적 경험 때문에 내가 힘든지 명확히 알게 하고 부정적 경험뿐만 아니라 긍정적 경험도 있다는 사실을 인식하게 함으로써 자신의 과거를 통합적이고 객관적으로 바라보게 하고, 그 경험을 바탕으로 미래지향 시간조망을 넓힐 수 있도록 하는 것이 바람직하다.

---

9 Friedman(2005)

10 박진숙(2004)

11 Zimbardo & Boyd(2008)

(4) 자기통제

자기통제는 외부의 지시나 감독 없이 사회적, 상황적 요구에 적절하게 행동할 수 있고 미래의 더 좋은 결과를 위해 일시적인 충동적 행동을 인내할 수 있는 능력을 말한다.[12] 청소년 자살은 충동성이 강하게 작용하며 순간적으로 이루어지는 특징이 있고,[13] 그 원인에 있어서도 자살하는 친구를 따라 자살하는 경우와 같이 단순한 것이 많으며,[14] 청소년 자살시도의 대부분은 사전에 계획된 것이 아니다.[15] 따라서 자살행동 청소년들이 성공적으로 자살행동을 중단하기 위해서는 자신의 욕구와 감정을 고려하면서 보다 장기적인 목표달성을 위해 순간의 욕구나 행동을 지연하는 능력이 필요하다. 즉, 청소년의 자기통제가 자살행동을 감소시키는 직접적인 요인이 된다.[16]

자살행동 청소년의 자살행동 중단을 위해 필요한 구체적 자기통제 요소들로는 유혹저항, 만족지연, 충동제지, 좌절인내 등이 있다.[17] 이러한 자기통제 행동이 길러질 수 있도록 하기 위하여 프로그램 구성 시 모델링, 대처진술, 대안탐색 등을 경험할 수 있도록 하며, 이러한 내용들에 쉽게 흥미를 느끼고 따라 할 수 있도록 조직되어야 하고 생활 속에서 자기통제에 대한 성공경험을 체험할 수 있도록 충분한 시간을 할애해야 한다. 또한 과제를 점검하는 등의 내용으로 구성할 뿐 아니라 구체적인 내용을 서로 나누어 모델링 할 수 있도록 만들 필요가 있다.

(5) 희망수준

희망은 개인의 막연한 믿음과 바람이라는 다소 모호한 개념에서 출발하여, 원

---

12 송명자(1995)
13 정철순, 임숙빈, 고효진(2001)
14 김시업, 한중경(1999)
15 Brent(1987)
16 Thompson, Eggert, & Herting(2000)
17 송명자(1995)

하는 목표를 달성하기 위해 다양한 경로를 모색하고, 이러한 경로를 활용하기 위한 동기를 생성하는 것이다.[18] 청소년의 발달과업 과정에서 경험하게 되는 많은 어려움과 그로 인한 스트레스는 누구나 겪을 수 있고, 이런 위기를 잘 극복하려면 높은 희망수준을 유지하는 것이 필요하다. 높은 희망수준의 사람은 문제가 발생했을 때 삶의 어려움을 당연하게 받아들이며, 사회적 지지망을 생각하고 도움을 적극적으로 요청한다.[19] 반면, 희망수준이 낮은 사람은 난관이 자기에게만 일어나는 일로 지각하고 자신을 도와줄 사회적 지지망이 없다고 생각하고 사회적 지지를 구하지 않는다. 따라서 심리사회적으로 다양한 경험을 할 수밖에 없는 청소년들에게 높은 희망수준은 매우 필요한 요소다.

실제로 자살행동 경험을 질적 분석했을 때, 청소년들의 자살생각은 "미래에 대한 절망" "힘듦이 소중한 가치(꿈)를 덮어 버릴 때" "미래에 대한 절망과 회의"로 인하여 '미래에 대한 희망 상실'까지 느껴질 때 자살생각으로 빠지게 되고, 반대로 자살행동을 극복하는 과정에서는 "장래의 희망과 꿈"을 품고 "미래를 위해 자살을 하지 않음" "미래의 꿈을 위해 살아감" 등으로 '미래에 대한 희망'을 보고하고 있었다.

따라서 희망수준을 상승시키기 위해서는 환경적 자원 및 심리적 자원이 취약할 수 있는 자살행동 청소년들에게 자신의 생활경험을 다각도로 바라보게 하고 그들의 생활패턴을 문제 해결적이고 합리적이며 낙관적인 자기진술로 재진술하게 하여 미래에 대한 희망수준이 상승될 수 있도록 훈련시키는 것이 필요하다. 또한 힘든 현실 속에서도 자신이 소중하게 생각하는 가치가 있고 이러한 가치를 지키기 위해 노력하고 있는 자신의 모습을 발견하고 자신의 미래에 대한 희망적인 마음을 품고 현재 생활에서 일어나는 작은 성공경험을 강화하는 것이 중요하다.

---

18 Snyder(1994)

19 Snyder(1994)

(6) 정서표현

효과적인 정서조절을 위해서는 자기의 정서를 충분히 경험하고 인식하여 정서와 관련된 정보들에 접근할 수 있어야 한다. 또한 자신의 정서강도를 조율하고, 타인의 지지를 얻어 부정적 정서 상황에 압도당하거나 차단당하지 않고 회복할 수 있어야 한다.[20] 그러기 위해서는 먼저 감정과 욕구를 적절히 표현하는 능력이 발달해야 한다.[21]

그러나 자살행동을 보이는 청소년들 대부분은 자신들의 분노, 반항, 좌절 등의 부정적인 감정을 표출할 수 없는 분위기 속에서 성장하는 경우가 많다. 대부분이 적절한 감정표현을 받아들일 환경에 처해 있지 못한 경우라서 부적절한 방식인 문제 행동으로 표출시키는 경향이 있다.[22] 즉, 정서를 인식하고 표현하는 데 곤란을 겪는 청소년은 자살생각이 높다.[23] 실제로 자살행동 경험을 질적 분석했을 때, "힘든 상황을 다른 이에게 말하지 않음" "감정을 표현하지 않고 담아 둠" "갈등상황에 대처하지 못해 당황함"과 같이 '혼자 전전긍긍' 하면서 감정을 표현하지 못했다.

따라서 프로그램 구성 시, 집단참여 청소년들이 자신의 부정적인 감정과 욕구를 구체적으로 인식하게 하고, 이러한 부정적 감정을 표현할 수 있도록 집단 분위기가 지지적이고 안전하게 조성되어야 한다. 부정적 감정을 표현해도 안전하다는 느낌은 무조건 통제하기만 했던 감정을 표현할 수 있게 함으로써 감정조절 능력을 회복시킨다. 또한 자신의 생활경험에 대한 감정을 인식할 수 있도록 감정 찾기를 하고, 이를 표현하고 분출하는 경험을 통해 안전감과 시원함을 느낄 수 있도록 체험 위주로 구성한다. 또한 부정적이었던 자아상을 긍정적으로 바꿔 보고 그때의 감정을 탐색하며 긍정적으로 대화하는 방법을 익히고, 집단 안에서 정서표현을 위

20 Wheeler & Braod(1994)
21 김가영(2008)
22 Weiner(1982)
23 김가영(2008)

한 다양한 시도를 하여 분노를 폭발하지 않고 표현하는 경험, 화를 내어도 수용되는 경험을 통해 적절한 정서표현을 실생활에 적용해 갈 수 있도록 한다.

3) 목표설정

자살행동 치료프로그램 개발의 주 목적은 청소년들의 심리적 안녕감을 높여 우울과 자살생각을 감소시키는 것이다. 프로그램의 목적을 달성하기 위하여 현장요구도 설문조사, 현장전문가 FGI, 청소년의 자살행동 및 극복과정과 관련된 질적 분석 등의 요구조사와 문헌 연구 결과를 종합하여 목표를 선정하였으며, 그에 따른 이 프로그램의 세부적인 목표는 다음과 같다.

첫째, 자살행동을 보이는 청소년들이 자기 긍정성 회복 및 심리적 지지를 통해 자존감을 높여 나갈 수 있도록 돕는다.

둘째, 자기이해를 바탕으로 자살행동을 보이는 청소년들이 문제중심 대처방식을 사용할 수 있도록 돕는다.

셋째, 자살행동을 보이는 청소년들이 자기통제력을 높여 희망수준을 높여 나갈 수 있도록 돕는다.

2. 청소년 자살행동 치료프로그램 구성

1) 모형 개발

이 프로그램 모형의 기초가 되는 변화원리는 다음과 같다.

청소년들이 자살행동을 하는 원인은 생활하면서 경험하는 다양한 부정적인 생활경험들이 자신의 성격 및 특징에 영향을 주고 문제 상황에서 부적응적 문제 대처를 하는 데 있다. 즉, 부정적 생활경험 때문에 현실을 왜곡하거나 잘못된 대처방식을 선택하게 되고 그 결과 자살행동에까지 이르게 되는 경향이 있다. 따라서 청소년의 자살행동에 영향을 미쳤던 생활경험을 검토하여 부정적 경험뿐 아니라 긍정적 경험을 끌어내고 자신이 원하는 모습에 반하는 문제 대처방식, 자살행동의 이득과 손해를 찾아봄으로써 이에 대한 문제의식을 높여 통합적으로 과거 및 현재를 조망하고 변화동기를 도모한다.

다음으로 자신의 과거 및 현재에 대한 새로운 조망을 토대로 통합적으로 자신을 이해하고 수용하여 자존감을 회복하는 것이 중요하다. 즉, 자신의 강점을 알아보고 성공경험을 떠올려 강점을 확인하고, 자신이 중요하게 생각하는 가치를 탐색한 후 자신에게 그것이 왜 중요한지를 깨닫고, 자신에게 느꼈던 부정적인 감정들을 표현하고 해소하여 자신을 이해하는 경험을 하여 자신에 대한 긍정적인 면을 알아보는 단계를 거친다.

끝으로 실천하는 단계로, 상황을 낙관적으로 사고하고 긍정적 의사소통을 하여 관계에서 긍정적 경험을 함으로써 실생활에서 부정적인 사고를 긍정적인 관점으로 변화시켜 자살행동을 치료한다. 따라서 이 자살행동 치료프로그램은 자신을 바라보고 긍정성을 회복하여 이를 실천하는 과정을 통하여 청소년들의 우울 및 자살행동 감소, 심리적 안녕감 증진에 도움을 주고자 한다.

이에 따른 프로그램 모형을 3단계로 제시한다.

1단계의 목표는 생활경험의 탐색과 확인을 통해 자신을 바라보는 것이다.

이 단계에서는 자신의 생활경험 중에 부정적 및 긍정적 경험을 찾아보고 원하는 삶과 대비되는 자신의 행동을 명료화하여 환경적인 원인과 자신의 책임을 구분하도록 도와준다. 이 단계에서 자살행동 청소년들이 목표에 도달하면 변화에 대한 자신의 의지를 다시 확인할 수 있고 자신에 대해서 진지한 관심을 가질 수 있으며 극단적이고 파괴적인 판단을 중지할 수 있다.

2단계의 목표는 참여자들이 지도자가 제공한 촉진적이고 개방적인 환경에서 자신에 대한 부정적인 경험을 표현하고 강점 및 소중한 가치 탐색을 통해 자신을 인식하는 생각이나 감정을 수정하는 기회를 갖는다.

이 단계에서 자살행동 청소년들이 목표에 도달하면 안정적인 자기감각을 가지게 되고 긍정적인 자기기대를 가지게 된다.

3단계의 목표는 행복감 증진을 위해 일상생활에서 실천에 있다.

이는 내면의 평정과 관계개선의 동기가 있을 때 가능하다. 실천 영역을 마지막에 두는 이유는 자살행동 청소년들이 자기이해를 통해 새로운 방법과 새로운 시각을 받아들이는 여유가 생길 때 한발 나아가 행복감을 향한 노력을 할 수 있다고 가정하기 때문이다. 이 단계에서 목표에 도달하면 긍정적 사고, 긍정적 의사소통을 하고 용서와 감사를 통해 행복감이 향상될 것이다.

이러한 세 단계의 위계를 반영한 자살행동 치료프로그램 모형을 요약하면 [그림 3-2]과 같다.

2) 프로그램의 구성원리

선행연구와 요구분석 결과에 따라 프로그램을 구성하기 위한 여덟 가지 기본원리를 도출하였다.

■ 자살행동 청소년들이 자신을 돌아보고 삶의 의지를 높일 수 있도록 안전한 심리적 지지 환경을 제공한다

청소년기에도 부모는 여전히 안전기지가 되어 새로운 모험을 시도하다가 돌아와 안전감과 에너지를 충전하고 다시 새로운 탐색과 시도를 할 수 있는 심리적 공간이 되어야 한다.[24] 그러나 자살행동을 보이는 청소년들의 부정적인 가족환경과

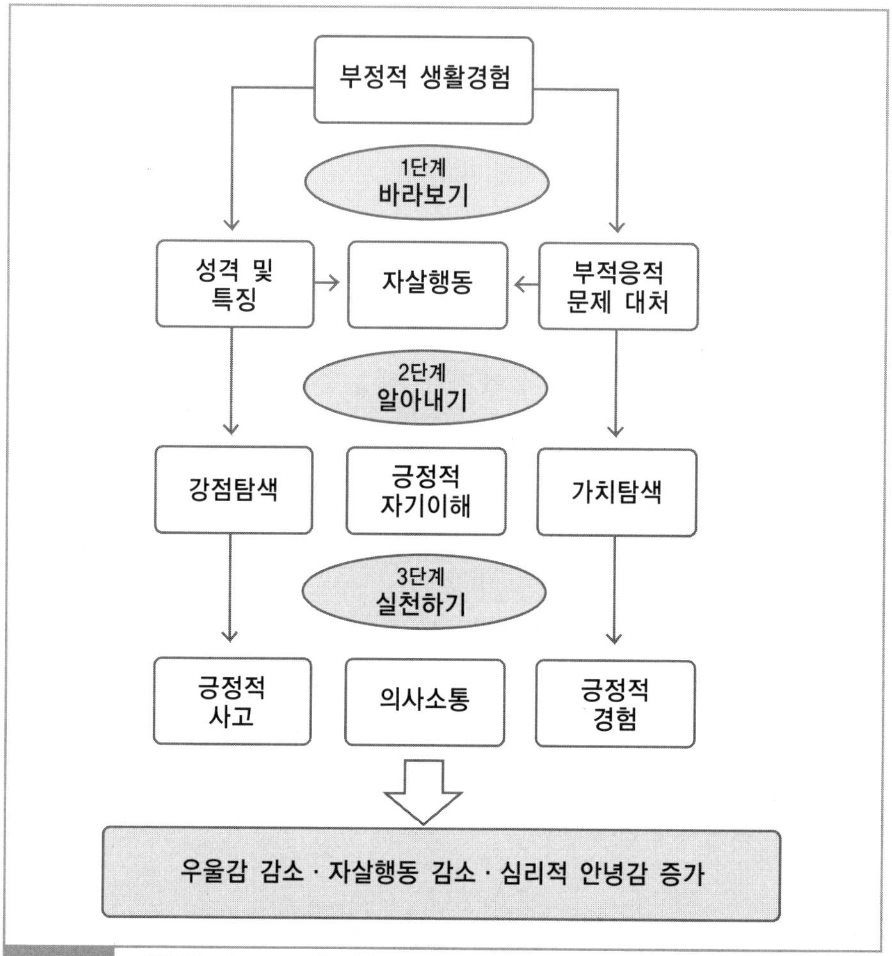

그림 3-2 자살행동 치료프로그램 모형

낮은 지지경험이 이들에게 안전기지의 결핍을 가져왔음은 사전조사에서 분석되었다. 따라서 집단상담을 통하여 지도자의 진정한 관심과 돌봄, 이들에 대한 공감과 수용이 지속적으로 전달되도록 반응하고 환경을 조성할 필요가 있다.

---

24 Bowlby(1988)

심층 면담을 분석한 결과, 부정적인 생활경험들은 자신의 성격 및 특징에 대해 부정적으로 자각하게 되고 또한 부적응적으로 문제 대처를 하도록 함으로써 이들에게 실패감과 좌절을 가중시켰음이 드러났다. 따라서 우선적으로 필요한 것은 편견 없이 이들의 삶을 수용해 주고 이야기를 들어 주고 자신이 살아온 삶을 돌아보게 하는 것이다.

또한 내 마음을 털어놓고 얘기할 수 있는 친구가 변화에 얼마나 중요한 것이었는지 시사한 바 있다. 따라서 집단상담을 운영할 때 동료 집단원들이 귀 기울여 들어 주고 함께 아픔을 나누는 것만으로도 마음의 답답함이 줄어들고 편안함을 느낄 수 있을 것이다.

■ 자살행동 청소년들이 자신을 표현하고 자신의 과거, 현재, 미래를 조망하게 한다

인터뷰 자료를 분석한 결과, 자살행동 청소년들은 가정이나 학교, 또래관계에서 상처가 되는 경험들을 많이 했으며 갈등이 생겼을 때 부적절한 문제 대처, 즉 억압, 회피, 사회적 철수, 공격적 반응, 비행 등의 방식으로 표현해 왔기 때문에 상담 장면에서도 상담자나 동료 집단원들에게 자신의 아픈 과거나 가족사, 힘들었던 일들을 꺼내는 것이 힘들다. 따라서 그들이 자연스럽게 자신의 이야기를 할 수 있도록 분위기를 만들고 이야기가 나왔을 때 잘 받아 주고 간직해 주며, 자신의 경험세계와 동료 집단원의 경험 세계가 연결되는 경험을 할 수 있게 도울 필요가 있다.

이 프로그램(초안)에서는 2회기에서 '나를 힘들게 하는 것들'과 '나를 살게 하는 것들'을 찾아보는 활동을 통해 집단원들이 비교적 쉽게 자신의 힘든 경험을 드러낼 수 있게 구성하였다. 3회기에서 원하는 미래의 모습을 살펴본 후 현재 행동 중에 이에 반대되는 '부적응적 문제 대처방식'에는 어떤 것이 있는지 찾아본 후 좀 더 깊은 수준으로 이야기를 할 수 있게 하였다. 4회기에서는 자살행동에 대한 이득과 손해를 따져 봄으로써 자살행동을 할 때 이득만 있는 것이 아니라 많은 손해가 존재함을 알 수 있도록 프로그램을 구성하였다. 이런 활동을 통해 현재 자신

의 모습에 대한 현실검증을 해 보도록 하는 데 초점을 두어 진행하도록 한다.

■ 자살행동을 보이는 청소년이 자존감을 향상시킬 수 있도록 하였다

자살행동 청소년들은 자신에 대한 부정적인 인식이 높기 때문에 자신감이 부족하다. 따라서 이 프로그램(초안)의 5회기에서 자신의 강점을 찾아보고 강점으로 성공했던 경험을 알아본다. 6회기는 자신의 긍정적인 경험을 떠올리며 자신이 중요하게 생각하는 가치를 찾고 이에 대한 의미를 부여하여 소중한 가치를 지킬 수 있도록 의지를 높인다. 7회기는 그동안 가져왔던 자신에 대한 부정적인 감정이나 생각을 던져 버리고 친구들에게 자신에 대한 부정적인 생각들을 긍정으로 수정해 보는 경험을 한다.

■ 자살행동을 보이는 청소년이 부정적인 정서를 표현할 수 있도록 하였다

그들은 부정적 경험에 많이 노출되어 있으면서도 자신의 감정을 표현하지 못하고 남의 눈치를 살피며 혼자서 전전긍긍하고 있는 것으로 나타났다. 따라서 이 프로그램(초안)의 2회기에서 '나를 힘들게 하는 것들' 을 찾아보는 활동에서 집단원들이 자신의 힘든 경험과 그때의 감정을 찾아 나누는 작업을 통해 부정적인 정서를 표현하게 한다. 또한 7회기에 부정적 감정을 분출하기 위해 부정적 감정을 신문지에 써서 찢고 던지고 함께 나누는 활동을 통해 혼자서 감정을 삭이지 않고 표출하여도 안전하다는 경험을 하게 한다. 이러한 경험을 통해 집단상담이 끝난 후에 부정적 정서가 올라올 때 이를 표현하고 안전하게 수용되는 경험으로 이어지도록 하였다.

■ 자살행동 청소년들에게 자기통제에 대한 의미와 중요성을 강조하였다

행복해지기 위해서는 자신에 대한 이해와 긍정성 회복뿐만 아니라 계속 노력해야 함을 강조하였다. 이러한 노력의 일환으로 이 프로그램(초안)의 8회기에서 낙관성 높이기 빙고게임을 하여 일상생활에서 일어나는 부정적인 경험을 낙관적으

로 생각해 보는 경험을 하였고, 9회기에서 용서에 대해서 생각해 보고 용서받는 마음과 용서하는 마음을 살펴보았으며 용서받지 못한 경험을 꺼내어 집단 동료들에게 용서받을 수 있도록 활동을 실시하였다. 10회기와 11회기는 긍정성을 회복하기 위하여 긍정 대화법을 배워 상대방의 감정을 건드리지 않고 자신의 마음을 잘 전달하는 방법을 익히고 자신에 대한 긍정적인 면을 발견하고 그것을 수용할 수 있도록 하였다. 또한 12회기에서는 한발 나아가 자신을 현재 모습 그대로 수용하고 감사하는 마음을 가질 수 있도록 동기화하였다.

■ 자살행동 청소년들에게 원하는 목표를 달성하기 위해 다양한 경로를 모색하게 하고, 작은 성공경험을 통해 삶의 의지를 높이고자 하는 동기인 희망수준을 높일 수 있도록 구성하였다

가정이나 학교에서 경험하게 되는 많은 어려움과 스트레스를 잘 극복하려면 높은 희망수준을 유지하는 것이 필요하다. 따라서 이 프로그램(초안)의 3회기에 미래에 되고 싶은 모습을 찾아봄으로써 미래에 대한 희망수준을 높이는 활동을 실시하였다. 또한 6회기의 과거 행복한 순간을 찾아가고 또 게임을 통해 자신이 중요하게 생각하는 가치를 탐색해 봄으로써 자신이 소중하게 생각하는 가치가 있고 이러한 가치를 지키기 위해 노력하고 있는 자신의 모습을 발견하도록 구성하였다. 이러한 발견은 3회기에서 활동했던 미래 원하는 모습을 6회기의 과거 행복한 순간과 통합하여 살펴봄으로써 자기정체감을 확립할 수 있고 이러한 정체감 확립은 자신의 미래에 대한 희망적인 마음을 품고 현재 생활에서 일어나는 작은 성공경험을 강화하여 희망수준을 향상시킬 수 있도록 구성하였다.

■ 자살행동을 보이는 청소년들이 서로에게 격려가 되고 용기를 줄 수 있도록 정서표현을 통한 상호작용에 초점을 맞추었다

이 프로그램(초안)의 2회기에 나를 힘들게 하는 것들을 포스트잇에 쓰고 모아서 붙이는 작업, 3회기에 자살행동의 이득과 손해를 브레인스토밍하기, 6회기에 가

치관 경매를 통해 친구들 간에 소중한 가치를 두고 경매하기, 7회기에 자신에 대한 부정적인 생각을 친구들이 긍정적으로 바꿔 주기, 8회기에 낙관성 빙고게임을 통해 부정적 경험을 낙관적으로 재인식하기, 9회기에 용서작업을 통해 자신이 잘못한 것을 동료들에게 용서받는 경험하기, 10회기에 긍정대화를 통해 문제 상황을 극복해 보기, 11회기에 나만의 긍정카드를 만들고 박수 치기, 12회기에 응원의 한 말씀에서는 친구들에게 응원의 메시지를 주고받기 등을 통해서 서로 간의 피드백을 강화하였다.

■ 현실세계로 돌아갔을 때 부정적 상황에 대처할 수 있도록 연습과 과제를 제공하였다

자살행동을 보이는 청소년들이 일상적인 생활로 복귀한다는 것은 이전 상황에서 오는 스트레스를 그대로 직면할 수도 있다는 것을 의미한다. 즉, 상황이 변한 것은 없다. 따라서 행복하고 성공적인 일상을 보내기 위해서는 스트레스 상황을 예측하고 이럴 때 자살행동 말고 대처할 수 있는 다른 대안을 마련하는 것이 중요하다. 따라서 이 프로그램(초안)에서는 3회기의 미래 원하는 모습을 이룰 수 있도록 대안탐색, 4회기의 이득과 손해 따져 보기에서 이득은 늘리고 손해를 줄일 수 있는 대안탐색, 5회기의 강점을 살려서 대안탐색, 6회기의 소중한 가치를 지키기 위한 대안탐색, 7회기의 부정적 감정을 신문지에 써서 던지는 활동, 8회기의 낙관적인 생각을 통한 대안탐색, 9회기의 용서를 통한 대안탐색, 10회기의 감사를 통한 대안탐색 등 다양한 방법과 상황에서 자살행동에 대한 대안을 탐색함으로써 부정적 상황에서 습관적으로 자살에 대한 행동을 보이는 청소년에게 다른 대처방안을 체험하고 일상생활에서도 연습할 수 있도록 하였다.

3) 프로그램의 운영원리

이 '청소년 자살행동 치료프로그램' 의 운영원리는 다음과 같다.

- 이 프로그램은 총 12회기로 1회기당 60분, 주 2회로 운영되며 지도자 1명과 자살행동 청소년 8~10명이 참여하는 것을 기본으로 하였다.
- 자살행동 청소년의 경우 프로그램 참여 동기가 부족할 수 있다. 이에 지도자는 프로그램 참여에 대한 의미를 참여자들에게 부여하고 지속적으로 격려하는 사전 작업을 통해 참여자들이 빠짐없이 프로그램에 참여할 수 있도록 동기를 부여해 주는 것이 중요하다. 또한 자살행동 청소년의 부정적 경험을 지도자가 이해하고 심리적 지지를 주도록 노력한다.
- 이 프로그램은 매 회기마다 도입 시 현재의 느낌이나 감정을 얘기함으로써 자신의 감정을 솔직하게 얘기하고 받아 주는 경험을 하여 우울감이나 자살생각이 높은 청소년들에게 편안하게 활동을 시작할 수 있도록 하였다.
- 이 프로그램의 목적은 자살생각 청소년들이 자살생각을 줄이고 자신의 삶에 대한 의지를 높이는 것에 있으므로, 지도자는 참여자들이 매 회기 자신의 삶을 소중히 하고 삶에 대한 의지를 높일 수 있도록 모델링을 제공한다.
- 참여자들이 프로그램에 결석하지 않도록 하기 위해 게임을 실시할 때 우승팀이나 우승한 사람에게 작은 보상을 준비하고, 출석에 대한 격려와 보상제도를 실시하며, 매 회기 시작 전에 간식을 먹을 수 있도록 준비한다.

이상과 같이 앞에서 제시한 구성원리와 운영원리에 의해 마련된 최종 예비 프로그램은 〈표 3-4〉와 같다.

〈표 3-4〉 최종 예비 프로그램

회기	단계	구성요소	주제	목표	활동 내용
1	도입단계	도입	만남	집단상담 프로그램의 목적을 인식하고 친밀감을 형성할 수 있다.	• 007게임(집단체험) • 생활만족도 점검 • 참여규칙 정하기 • 변화에 대한 의지 점검
2	작업단계	바라보기	나를____하게 하는 것	자신의 환경 · 상황에 대한 올바른 이해를 가지고 자살 문제에 대한 의식을 명료화한다.	• 나를 힘들게 하는 것들 • 나를 살게 하는 것들
3			되고 싶은 나와 지금의 나	현재 자신의 행동과 미래 꿈꾸는 모습과의 차이를 극대화함으로써 현재 행동이나 사고를 바꾼다.	• 되고 싶은 미래의 나 • 지금의 나 • 미래 모습으로 대안 찾기 〈과제〉대안 찾기
4			득과 실 따져 보기	자살생각 및 사고에 대한 손해와 이득을 탐색한다. 자살에 대한 양가감정을 명확히 한다.	• 달팽이 길 찾기 게임 • 이득과 손해 따져 보기 • 집단 브레인스토밍(모으기) • 변화에 대한 의지 점검 〈과제〉대안 찾기
5		알아내기	꽤 괜찮은 나	자신의 긍정적인 모습을 적극적으로 탐색한다.	• 나의 강점 찾기 • 성공경험 • 강점으로 대안 메뉴 찾기 〈과제〉대안 찾기
6			보물찾기	자신이 중요하게 생각하는 가치를 탐색한다. 어떤 삶이 가치 있는 삶인지 알고 실천할 수 있다.	• 행복한 순간 찾아가기 • 가치관 경매 • 가치탐색 및 정의 내리기 〈과제〉대안 찾기
7			긍정 나누기	부정적인 감정을 분출하고 긍정적인 정서를 체험한다.	• 감정 던지기 • 긍정 피드백 • 변화에 대한 의지 점검 〈과제〉대안 찾기

8		실천 하기	낙관적 으로 생각 하기	스트레스적인 일상 상황을 낙관적으로 생각해 본다.	• 낙관적으로 생각하기 • 낙관성 높이기(빙고게임) 〈과제〉대안 찾기
9			용서하고 용서받기	아직 해결되지 않은 갈등에 대해서 되돌아보고 진정한 용서의 의미를 알고 실천할 수 있다.	• 용서하고 용서받기 • 나 용서하기 • 행복을 향한 힘찬 발걸음 〈과제〉대안 찾기
10			긍정 대화	긍정 대화법을 사용하여 일상생활에서 경험하는 스트레스 상황을 해결해보는 경험을 한다.	• 긍정 대화법 • 문제 상황 속으로 〈과제〉대안 찾기
11			나만의 긍정 카드	나의 긍정적인 면을 발견하고 그것을 수용할 수 있다.	• 동영상 '세 번째 소원' 시청 • 세 가지 소원 • 나만의 긍정 카드 • 긍정적인 자기소개서 • 변화에 대한 의지 점검
12	종결 단계	종결	행복 속으로	현재 자신의 모습에 감사하고 실생활에서 계획을 실천할 수 있다.	• 현재 나의 모습 기억하기 • 감사하기 • 행복해지기 위한 나의 실천 • 변화에 대한 의지 점검

3. 예비 프로그램 실행 및 평가

1) 예비연구

프로그램 개발 절차에 따라 구성된 자살행동 치료프로그램의 효과성 여부와 진행상의 문제점 등을 알아보기 위하여 예비 프로그램을 실시하였다. 예비 프로그램 실시를 위해 2012년 7월부터 각 중·고등학교 전문상담사 및 전문상담교사들을 접촉하여 연구대상을 모집하였다. B시에 있는 G중학교에서 8명을 대상으로 이 책의 제1저자가 직접 예비 프로그램을 실시하였다. 실시 기간은 2012년 7월 7일부터 동년 7월 21일까지 매주 토요일 3주 12회기 12시간이었다. 참여자들을 대상으로 매 회기 프로그램 마지막에 소감문을 통해 프로그램에 대한 소감 및 개선점에 대한 피드백을 받았다.

2) 프로그램 수정 및 보완

(1) 예비연구 참여자들의 참여소감문과 건의사항

매 회기 프로그램에 대한 소감 나누기를 한 결과, 프로그램 경험으로 변화한 것과 프로그램 내용에 대한 소감을 다음과 같이 표현하였다.

참여자들은 프로그램을 통하여 '나만 힘든 게 아니라는 생각' 과 함께 '나를 힘들게 하는 것이 무엇인지 분명하게 알고 나를 살게 하는 요인들이 있다는 것을 알게 됨으로써 해결할 수 있다는 자신감이 생겼다.' 라고 보고하였다. 또한 자살에 관한 득과 실을 살펴봄으로써 '힘들 때 아무 생각 없이 자살을 생각했는데 이렇게 손해가 많다는 것을 아니까 안 해야겠다.' '자살생각 말고 다른 대안활동이 많다는 것을 알고 자살생각을 줄일 수 있겠다는 자신감이 생겼다.' 등 자살생각을 줄이겠다는 자신감을 보고하였다.

또 '나에 대한 부정적인 감정을 찾고 던져 버리고 새로운 나에 대해서 알아보는 활동을 통해 속이 후련하고, 친구들의 긍정피드백이 위로가 되고 낯설지만 좋다.' '나에게 단점만 있는 줄 알았는데 강점을 찾고, 그로 인한 성공경험이 찾아지는 것이 신기하다.' '그냥 아무 생각 없이 살고 있는 줄 알았는데 내가 원하는 삶이 있고 중요하게 생각하는 가치가 있다는 것을 알았다.' 등을 통해 자신의 존재 가치를 인정하고 받아들이면서 자신감이 생기고 우울한 감정에서 벗어나고 있다는 것을 알 수 있었다.

그리고 '일상생활에서 사용할 수 있는 긍정적인 사고와 대화법을 배워서 갈등 상황에서 써 먹을 수 있을 것 같다.' '상대에게 내 말을 제대로 전달할 수 있을 것 같아서 싸움이 덜 날 것 같다.' '그동안 용서를 생각 안 해 봤는데 용서하고 용서를 받으니 마음의 찌꺼기가 없어지고 편안해져서 좋다.' '나는 자신에 대해서 불평불만만 많았는데 이렇게 감사할 것이 많은지는 몰랐다.' 등을 통해서 부정적 시각에서 긍정적 시각으로 관점을 변화시켜 심리적 안녕감을 높이고 더불어 집단상담이 끝난 후에도 일상생활에서 부딪히는 여러 가지 어려움을 극복하기 위해 계속 노력하고 실천할 수 있겠다고 진술하였다.

이와 같은 소감 나누기를 통해서 자살행동 치료프로그램이 우울, 자살생각, 심리적 안녕감 측면에서 긍정적인 변화를 주어 집단상담의 전체적인 내용 및 진행 맥락에 대해 긍정적으로 평가하게 되었음을 알 수 있었다.

그리고 프로그램을 마치면서 참가자들로 하여금 자살행동 치료프로그램의 발전을 위해 건의사항을 기술하도록 하였으며, 그 건의사항과 이를 반영하여 수정한 사항을 정리하면 〈표 3-5〉와 같다.

(2) 프로그램 내용의 타당도 검증

〈표 3-5〉 건의사항에 따른 수정 사항

구분	문항별 세부 내용	수정 사항
프로그램 진행	• 쓰는 내용이 너무 많아서 나누기 활동이 부족하였다.	• 회기마다 느낀 점을 쓰는 시간을 줄이고 나누기를 많이 하도록 하였다.
	• 회기당 60분인데 처음엔 괜찮았는데 점점 갈수록 적응하기 힘들고 집중이 힘들었다. 또한 수업시간과 안 맞아서 헷갈렸다.	• 수업시간에 활동할 수 있도록 회기당 시간을 45분으로 줄였다.
	• 자살생각에 대한 이득과 손해에서 너무 손해로 몰고 가는 것 같다.	• 자살생각에 대한 이득과 손해에서 편견을 가지지 않고 참여자가 말한 내용을 모두 수용하고 판단할 수 있도록 하였다.

프로 그램 진행	• 서로 겹치는 내용이 있어서 앞에 했던 내용이라는 생각이 들어서 줄였으면 좋겠다. • 숙제가 너무 많다.	• 서로 비슷한 내용의 회기, 즉 8회기의 낙관적으로 생각하기와 10회기의 긍정 대화를 합치고, 11회기의 나만의 긍정 카드를 삭제하여 전체 회기를 12회기에서 10회기로 줄였다. • 숙제를 매 회기에 주지 않고 실천할 수 있는 회기에 하도록 안내하는 것으로 조정하였다.

이 프로그램 내용의 타당도 검증을 위해 전체 프로그램 내용을 각 회기 활동 내용으로 세분화하여 구성하였다. 그런 후, 이 내용이 자살행동 치료프로그램의 회기별 목표에 적합하게 구성되었는지에 대해 알아보기 위해 프로그램 내용타당도 검증 설문지를 작성하여 전문가의 안면타당도 평가를 받았다. 평정을 의뢰한 내용은 각 회기별 목표에 따라 구성한 12회기의 각 단위 활동이 청소년의 자살행동 개입을 위한 우울 감소, 자살생각 감소, 심리적 안녕감 증가에 적합한 내용인가를 평가하는 것이었다.

평정 결과를 Lawshe(1985)의 내적타당도 산출 공식에 적용하여 자살행동 치료프로그램의 각 단위 활동별로 대표성(각 단위 활동의 내용은 자살행동 치료프로그램의 활동을 적절히 반영하는가?), 명확성(제시된 각 단위 활동들의 명칭은 명확히 진술되어 있는가?), 포괄성(제시된 각 단위 활동들은 자살행동 치료프로그램의 전체 내용을 충분히 포괄하고 있는가?) 등 세 가지 기준에서 문항 내용타당도를 평정하였다. 검증 결과, 우울, 자살생각, 심리적 안녕감 영역의 하위 항목 대다수가 대표성과 명확성, 포괄성의 평균점수 이상이 나와 피험자에게 실시한 자살행동 치료프로그램이 청소년의 우울 감소, 자살생각 감소, 심리적 안녕감 증진에 적합하다는 것을 확인할 수 있었다. 프로그램 내용타당도 검증 방법 및 검증 결과의 구체적인 내용은 「청소년의 자살행동에 관한 질적 분석 및 치료프로그램 개발」(함경애, 2013) 논문을 참고하기 바란다.

또한 프로그램 내용에 대한 전문가의 자문을 받았고 그에 따라 내용을 수정, 보완하였다. 그 구체적인 결과는 〈표 3-6〉과 같다.

〈표 3-6〉 전문가 자문 결과 및 수정 · 보완 사항

구분	전문가 자문 결과	수정 · 보완 사항
프로그램 내용 구성	• 2회기 처음부터 '나를 힘들게 하는 것들'은 쓰기 힘들기 때문에 1회기에 사전 조사를 하는 것이 좋겠음 • 2회기 '나를 힘들게 하는 것들'을 쓰는 것이 어렵기 때문에 그것을 자료에서 찾도록 하는 것이 좋겠음 • 7회기는 자신에 대한 부정적 감정에서 벗어나는 것에 초점을 맞추고 이 활동을 통해 5회기의 '꽤 괜찮은 나' 활동으로 이어지면 좋을 듯 함	• 1회기에 생활 전반에 대한 만족도를 알아보는 활동을 추가하였음 • 2회기 '나를 힘들게 하는 것들'과 '살게 하는 것들'을 활동지에서 찾도록 하였으며 그때의 감정들도 찾도록 하였음 • 7회기를 자신에 대한 부정적인 감정을 던지는 것으로 수정하여 5회기 앞으로 보냄
프로그램 구성 체계	• 3회기와 4회기를 바꾸는 것이 프로그램 흐름상 맞을 것 같음 • 중복되는 내용 8, 10, 11회기 내용을 재구성할 필요가 있음	• 3회기와 4회기 순서를 바꿨음 • 8회기와 10회기를 합치고 11회기는 삭제함

3) 최종 프로그램

예비프로그램 집단원들의 피드백과 전문가 자문 결과를 반영하여 수정 보완한 후 최종 프로그램이 확정되었다. 프로그램의 단계는 바라보기, 알아내기, 실천하기로 구분하였다. 매 회기의 주제, 목표, 활동 내용을 제시하였다. 시간은 매 회기 45분으로 조정되었고 10회기로 확정하였다. 이렇게 확정된 프로그램 내용은 다음 〈표 3-7〉과 같다. 회기별 구체적인 프로그램 내용 및 활동지는 이 책의 제4장에 제시하였다.

〈표 3-7〉 최종 프로그램

구성 단계	회기	주제	목표	활동 내용	구성 요소
바라보기	1	창문을 열어다오	• 집단상담 프로그램의 목적을 인식하고 서로 친밀감을 형성할 수 있다.	• 변화에 대한 의지 점검 • 007게임(집단체험) • 나의 행복지수? • 우리들의 약속	• 오리엔테이션 • 심리적 지지
	2	죽느냐 사느냐 이것이 문제로다	• 자신의 환경 · 상황에 대한 올바른 이해를 가지고 자살 문제에 대한 의식을 명료화한다.	• 나를 힘들게 하는 것들~ • 나를 살게 하는 것들~	• 과거 조망 • 현재 조망 • 정서표현
	3	자살! 저울을 재다	• 자살생각 및 시도에 대한 이득과 손해를 탐색한다. • 자살생가에 대한 대안을 찾아본다.	• 달팽이 길 찾기 게임 • 자살생각에 대한 이득과 손해 따져 보기 • 집단 브레인스토밍(모으기) • 대안 찾기 〈과제〉 미래 되고 싶은 모습 생각해 오기	• 현재 조망 • 미래 조망 • 자기통제
	4	너 자신을 알라!	• 현재 자신의 행동과 꿈꾸는 미래 모습과의 차이를 극대화함으로써 현재 행동이나 사고를 바꾼다.	• 되고 싶은 미래의 나 • 지금의 나 • 대안 찾기 • 변화에 대한 의지 점검	• 희망수준 • 현재 조망 • 자기통제
알아내기	5	세상에 너를 소리쳐	• 나에 대한 부정적인 감정을 분출하고 긍정적인 정서를 나누면서 체험한다.	• 나에 대한 부정적 감정 던지기 • 긍정비행기 날리기 〈과제〉 긍정적인 자신의 모습으로 대안 찾기	• 정서표현 • 심리적 지지

실천 하기	6	아는 것이 힘이다!	• 자신의 긍정적인 강점을 적극적으로 탐색하고 받아들인다. • 어떤 삶이 가치 있는 삶인지 알고 실천할 수 있다.	• 나의 강점 찾기 • 강점으로 이룬 성공경험 • 강점으로 대안 찾기 〈과제〉강점으로 대안 찾기	• 현재 조망 • 자아존중감 • 자기통제
	7	깊은 나무는 바람에 흔들리지 않는다	• 자신이 중요하게 생각하는 가치를 탐색한다. • 어떤 삶이 가치 있는 삶인지 알고 실천할 수 있다.	• 행복한 순간 찾아가기 • 가치관 경매 • 가치탐색 및 정의내리기 • 변화에 대한 의지 점검 〈과제〉소중한 가치로 대안찾기	• 자존감 • 희망수준 • 자기통제
	8	바람과 함께 사라지다~	• 스트레스적인 일상 상황을 낙관적으로 생각해 본다. • 긍정 대화법을 사용하여 스트레스 상황을 해결해 보는 경험을 한다.	• 낙관성 높이기(빙고게임) • 긍정 대화하기 〈과제〉낙관적 사고나 긍정적 대화 실천하기	• 자존감 • 희망수준 • 심리적 지지 • 자기통제
	9	내 사전에 불가능은 없다	• 진정한 용서의 의미를 생각해 보고, 용서 경험을 떠올려 행복감을 높인다. • 아직 해결되지 않은 갈등에 대해서 되돌아보고 용서받고 용서하는 경험을 체험한다.	• 용서에 대한 정의 내리기 • 용서에 대한 기억 떠올리기 • 나 용서하기 〈과제〉용서 실천하기	• 심리적 지지 • 자아존중감 • 자기통제
	10	소년 소녀여, 야망을 가져라!	• 현재 자신의 모습에 감사하고 계획을 실생활에서 실천할 수 있다.	• 감사할 줄 아는 나 • 응원의 한 말씀 • 행복을 위한 힘찬 발걸음 • 변화에 대한 의지 점검 〈과제〉감사일기 실천하기	• 자존감 • 심리적 지지

04

청소년 자살행동 치료프로그램의 실제

1. 지도자용 안내서
2. 프로그램 활동지

1. 지도자용 안내서

1회기: 창문을 열어다오

단계	도입	운영방법	전체 집단 및 소집단별
활동목표	집단상담 프로그램의 목적을 인식하고 서로 친밀감을 형성할 수 있다.		

과정	활동 내용	준비물	시간(분)	
도입	• 프로그램의 취지, 진행방법, 유의사항 등을 설명한다.		15	
전개	❖ 변화 의지 점검 • 자살생각이나 행동을 변화시키고 싶은 의지를 점수로 표시하게 한다.	활동지 1-1	3	35
	❖ 007게임 • 4명이 한 조를 이루어 조별 활동을 실시한다.	활동지 1-1, 스케치북	12	
	❖ 나의 행복지수 작성하기 • 일상생활에서 만족하는(행복) 정도를 스티커로 표시하게 한다. • 어디에 누구랑 있을 때 가장 행복하고 불행한지 발표하게 한다.	스티커, 활동지 1-2,	10	
	❖ 우리들의 약속 작성하기 • 활동지 1-3에서 지켜야 할 사항을 쓰게 한다. • 성공적인 프로그램 참여를 위해 프로그램을 통해 얻고자 하는 자신의 목표를 쓰게 한다. • 자신의 별칭을 짓게 한다. • 별칭과 함께 목표를 발표하게 한다.	활동지 1-3	10	
정리	• 이 회기 활동을 통해 느낀 점이나 깨달은 점을 한 사람씩 차례로 발표하게 한다. • 이 회기의 목적과 필요성을 정리한다.	활동지 1-1	15	
차시예고	• 2회기: 죽느냐 사느냐 이것이 문제로다			
유의점	• 자발성과 적극적 참여를 강조하면서 '나의 약속' 과 활동규칙을 반드시 지키도록 일깨운다. • 자신의 이야기를 솔직하게 할 수 있도록 게임을 통해서 마음을 여는 분위기를 조성한다.			

1회기: 창문을 열어다오

1) 목표: 집단상담 과정을 이해한다.

자신의 삶의 만족도를 점검한다.

2) 프로그램 내용(활동지 1-1~1-3)

- 자살문제를 없애고 행복하게 살고자 하는 의지를 높이기 위한 집단상담의 목적 설명: 자살문제를 지니고 있는 집단원이 놀고 싶고 오기 싫었을 텐데 이렇게 집단에 참여하기 위해 이 자리에 모인 모습을 보니 행복의 희망이 보인다고 지지한다. 또한 어떤 이유에서건 여기 온 것은 자신의 선택이고 이렇게 참여하고 있는 집단원을 격려한다.
- 변화 의지 점검: 자살생각이나 행동을 변화시키고 싶은 마음을 10점 만점으로 하여 현재의 의지를 점수로 표시하게 한다(활동지 1-1 활용. 단, 밑에 있는 007 게임 그림은 나눠 주지 않기).
- 007게임을 통한 집단상담에 대한 감 잡기: 4명이 한 조를 이루어 3명은 침투조 1, 2, 3, 나머지는 지휘관이 된다. 침투조 1이 앞으로 나와 그림을 30초 정도 보고 상황을 기억했다가 지휘관에게 가서 그림을 설명한다. 그 설명을 듣고 지휘관이 그림을 1분 동안 그린다. 그다음 침투조 2와 3이 차례로 나와 그림을 보며 지휘관에게 설명하고 지휘관은 그림 설명을 듣고 그림을 그린다. 활동을 통해 느낀 점을 나눈다.
- 정리할 때 지도자 멘트: '집단상담은 이처럼 말로 하는 것이고 서로의 말을 잘 들어야 하며 서로 얘기를 나누는 것이다. 특히 감정을 나누는 것이 중요하다. 감정을 말하고 나눌 때 내가 성장하고 남을 도울 수 있다.'
- 나의 행복지수(활동지 1-2): 가정/학교/학원/친구관계/부모님과의 관계/다른 가족원들과의 관계에서 만족하는 정도를 알아보기 위한 활동으로 만족 정도를 1~10점 사이에 스티커로 표시하도록 한다. 여기서 중요한 것은 상대방과의 점수 차이가 아니라 자신이 붙인 스티커의 상대적 위치다. 위치를 보면 지

금 무엇 때문에 힘든지 대략적으로 확인해 볼 수 있다. 어디에 누구랑 있을 때 가장 행복하고 불행한지 발표하게 한다.

- 우리들의 약속 정하기(활동지 1-3): 다른 사람의 얘기를 잘 듣기, 꾸준히 참석하기, 남의 생각을 존중하기, 집단에서 나온 얘기를 집단 안에서만 공유하기, 마치는 시간 지키기 등을 쓰게 한다. 그리고 집단활동을 통해 자신이 이루기를 소망하는 목표를 정해서 작성하도록 한다. 생명의 소중함을 지키기 위해 자살방지 서약서를 작성한다. 끝으로 불리면 행복할 것 같은 별칭을 짓도록 한다. 별칭에 대해 설명하고, 목표를 발표하게 한다.
- 느낀 점 나누기(좋았던 점, 아쉬운 점, 도움이 된 것, 새로 알게 된 점, 앞으로 하고 싶은 것) 및 1회기 요약하기

2회기: 죽느냐 사느냐 이것이 문제로다

단계	바라보기	운영방법	전체 집단 및 소집단별
활동목표	자신의 환경 · 상황에 대한 올바른 이해를 가지고 자살문제에 대한 인식을 명료화한다.		

과정	활동 내용	준비물	시간(분)	
도입	• 힘든 상황이나 시간이 있다는 것을 상기시킨다.		15	
전개	❖ 나를 힘들게 하는 것 탐색하기 • 활동지 2-1에 제시된 항목 중에서 자신을 힘들게 하는 것에 동그라미를 친다. • 동그라미 친 항목들 중에 영향력이 가장 큰 것 3가지를 고른다. • 자신이 선택한 3가지를 소리 내어 읽고 자신의 감정을 명료하게 인지할 수 있도록 한다.	활동지 2-1	15	35
	❖ 나를 살게 하는 것 탐색하기 • 활동지 2-2에 제시된 항목 중에서 자신을 살게 하는 항목에 동그라미를 친다. • 동그라미 친 항목들 중에 영향력이 가장 큰 것 3가지를 고른다. • 자살생각이 들 때, 자신이 선택한 3가지가 자살생각을 줄여주는 데 어떤 영향을 주는지 이야기해 본다.	활동지 2-2	15	
	❖ 집단 브레인스토밍 • 나를 힘들게 하는 것과 나를 살게 하는 것에서 찾은 감정을 각각 3가지씩 써서 붙인다. • 자신이 쓴 메모를 보며 어떤 느낌이 드는지 돌아가며 말해본다.	포스트잇	5	
정리	• 이 회기 활동을 통해 느낀 점이나 깨달은 점을 한 사람씩 차례로 발표하게 한다. • 이 회기의 목적과 필요성을 정리한다.		5	
차시예고	• 3회기: 자살! 저울을 재다			
유의점	• 8회기에 다시 사용할 수 있도록 포스트잇을 버리지 않도록 한다. • 자신을 돌아보고 이해할 수 있도록 분위기를 조성한다. • 타인을 존중하는 마음과 경청하는 태도를 가지도록 강조한다.			

2회기: 죽느냐 사느냐 이것이 문제로다

1) 목표: 자신의 환경 · 상황에 대한 올바른 이해를 가지고 자살문제에 대한 인식을 명료화한다.

2) 프로그램 내용(활동지 2-1~2-2)

- **2회기 시작하기:** (1회기 요약) 첫 번째 시간의 활동은 여러분이 여러 생활에서 접하게 되는 생활 장소와 사람별로 분리해서 행복도를 살펴보았다. 즉, 언제나 불행하거나 언제나 죽고 싶은 것이 아니라 어떤 상황이나 어떤 견디기 힘든 시간이 있다는 것을 알 수 있다.
- **나를 힘들게 하는 것들(활동지 2-1):** 청소년의 자살생각이나 시도에 대해서 많은 선행 연구에서 그 원인을 여러 가지로 얘기하고 있다. 따라서 제시된 여러 요인 중에 자신의 죽고 싶은 생각과 관련된 원인에 동그라미 하도록 한다. 그 중에서 가장 영향력이 큰 것 3가지를 고른다.
- **자신의 죽고 싶은 생각과 관련된 원인에 관련된 감정을 찾고 그것을 이야기하기:** 생각을 통해서 한번 쓰고 입에서 나오는 소리를 귀로 듣고 하는 활동이 나의 현재 상황을 명료하게 하는 데 도움을 줄 수 있다. 상황이 명료화되면 해결책도 찾아볼 수 있기 때문에 소리 내서 읽는 것이 중요하다.
- **나를 살게 하는 것들(활동지 2-2):** 죽고 싶은 생각이 들거나 시도를 했음에도 지금 우리는 살아 있다. 지금 살아 있다는 것이 가장 중요하다. 나를 힘들게 하는 것이 있다면 지금 나를 살게 하는 것들도 있다. 그 이유나 원인을 찾아서 동그라미를 해 본다. 그중에서 가장 영향력이 큰 것 3가지 골라서 써 본다. 죽고 싶을 때 마음 한편에서 일어나는 살고자 하는 마음을 높이는 원인에 대해서 써 보도록 한다.
- **집단 브레인스토밍:** 나를 힘들게 하는 것들과 감정들 그리고 나를 살게 하는 것들과 감정들을 포스트잇에 써서 칠판을 반으로 나눠서 각각 다른 부분에 붙이도록 한다. 다 붙이고 난 후 이것을 보고 느낀 점을 나눈다(8회기에 다시

사용하므로 버리지 않고 지도자가 잘 보관해 놓든지 칠판에 계속 붙여 놓는다).

- 삶에 대한 의지를 높이는 데 영향력을 미치는 3가지에 따른 감정을 찾고 이야기를 만들어 본다(그에 따른 감정 넣어 보기).
- 느낀 점 나누기(좋았던 점, 아쉬운 점, 도움이 된 것, 새로 알게 된 점, 앞으로 하고 싶은 것) 및 2회기 요약하기

3회기: 자살! 저울을 재다

단계	바라보기	운영방법	전체 집단 및 소집단별
활동목표	• 자살생각 및 시도에 대한 이익과 손해를 탐색한다. • 자살생각에 대한 대안을 찾아본다.		

과정	활동 내용	준비물	시간(분)	
도입	• 자살에 대한 생각이나 시도가 가지는 이득과 손해가 있다는 것을 언급한다.		5	
전개	❖ 달팽이 길 찾기 • 2명이 한 조를 이루어 조별 활동을 실시한다.	A4 용지	5	35
	❖ 이익과 손해 따져 보기 • 활동지 3-1에 자살생각이나 행동이 자신에게 주는 이익과 손해에 대해서 적는다. • 자신이 적은 내용을 보며 자신에게 주는 손해에 대해서 생각해 보도록 한다.	활동지 3-1	15	
	❖ 집단 브레인스토밍 • 메모판에 자살생각과 행동이 주는 이익과 손해를 더 이상 나오지 않을 때까지 부르도록 한다.	메모판, 매직	5	
	❖ 대안 찾기 • 브레인스토밍을 통해 찾은 내용을 보며 어떤 생각이 드는지 돌아가면서 말한다. • 자살생각이 들 때, 자살생각을 멈추게 할 수 있는 대안을 대안 메뉴판에서 찾아보도록 한다.	활동지 3-2, 대안 메뉴판	15	
정리	• 이 회기 활동을 통해 느낀 점이나 깨달은 점을 한 사람씩 차례로 발표하게 한다. • 이 회기의 목적과 필요성을 정리한다.		5	
과제제시	• 미래 되고 싶은 모습 생각해 오기			
차시예고	• 4회기: 너 자신을 알라!			
유의점	• 이득과 손해를 찾기 어려우므로 구체적인 사례를 예로 들어 준다. • 집단 브레인스토밍 할 때 남의 의견을 비판하지 않도록 주의한다.			

3회기: 자살! 저울을 재다

1) 목표: 자살생각 및 시도에 대한 이득과 손해를 탐색한다.

자살생각에 대한 대안을 찾아본다.

2) 프로그램 내용(활동지 3-1~3-2, 대안 메뉴판)

- 주제 소개하기: 힘들 때 자살을 생각하게 되는데 이런 현상을 좀 더 면밀하게 살펴보고 죽고 싶은 생각에 대한 이득이 되는 것은 취하고 손해가 되는 것은 과감하게 없앨 수 있도록 한다.
- 달팽이 길 찾기 게임: 2인 1조가 되어 A4 용지에 출발과 도착이 표시되어 있고 달팽이 길이 그려진 종이에 가위바위보를 하여 한 사람이 눈을 감고 다른 사람의 얘기를 듣고 길을 찾아가는 게임을 한다. 이렇게 다른 사람을 믿고 함께 가다 보면 어느덧 도착점에 와 있게 된다는 것을 체험하게 된다.
- 이득과 손해 따져 보기(활동지 3-1): 죽고 싶은 생각이나 시도를 반복적으로 한다는 것은 이러한 자살생각이나 시도를 함으로써 마음속에 어떤 변화가 있기 때문에 반복적으로 생각이나 행동하게 된다. 따라서 자살생각을 함으로써 마음속에 일어나는 생각이나 감정들이 자신에게 주는 이득이나 손해를 찾아서 작성해 본다. 그중에서 단기적 및 장기적 이득/손해를 찾아보도록 한다.
- 집단 브레인스토밍: 1명씩 돌아가면서 이득과 손해를 얘기한다. (집단원이 얘기하는 것들을 리더는 칠판에 적는다. 같은 것을 얘기해도 지지해 준다.) 계속 돌리면서 다른 얘기가 나오지 않을 때까지 돌린다. 다 끝나면 이득과 손해를 각자 살펴보도록 하고 이것이 진짜 이득인가를 생각하게 한다.
- 느낀 점 나누기: 이때 칠판에 적힌 여러 이득과 손해를 보고 느낀 점을 나누고 미래 자신의 모습과 관련해서 이득이 되는가를 다시 한 번 점검해 본다.
- 자신이 쓴 내용 중 지금 지우거나 고치고 싶은 것이 있으면 고칠 수 있도록 한다.
- 대안 찾기(활동지 3-2): 칠판에 적힌 이득에 대한 대안을 찾아본다(자살생각이 났을 때 대안으로 자살생각에 대한 이득을 유지하면서 손실을 줄이는 방법으로 대안

을 찾고 표현한다). 찾을 때 대안 메뉴판을 참고하도록 한다.

- 느낀 점 나누기(좋았던 점, 아쉬운 점, 도움이 된 것, 새로 알게 된 점, 앞으로 하고 싶은 것) 및 3회기 요약하기
- 과제제시: 어떤 모습으로 있으면 행복할지에 대해 생각해 보고 미래 되고 싶은 모습 생각해 오기

4회기: 너 자신을 알라!

단계	바라보기	운영방법	전체 집단 및 소집단별
활동목표	현재 자신의 행동과 미래 꿈꾸는 모습과의 차이를 극대화함으로써 현재 행동이나 사고를 바꾼다.		

과정	활동 내용	준비물	시간(분)	
도입	• 자신이 원하는 모습을 그려 볼 수 있도록 독려한다.		15	
전개	❖ 되고 싶은 미래의 나 • 미래에 되고 싶은 나의 모습을 그림이나 콜라주로 표현해 본다(콜라주 형태로 할 때는 잡지책 준비).	활동지 4-1, 잡지책	15	35
	❖ 지금의 나 • 활동지 4-2에 학교, 집, 친구관계에서 일어나는 생각이나 행동 중에 나의 미래 모습에 반하는 생각, 행동을 찾아서 적어 본다.	활동지 4--2	10	
	❖ 대안 찾기 • 대안 메뉴판에서 자살생각이나 행동을 줄이고 미래를 가꿀 수 있는 방법을 찾아본다.	대안 메뉴판	7	
	❖ 변화 의지 점검 • 자살생각이나 행동을 변화시키고 싶은 의지를 점수로 표시하게 한다.	활동지 4-2	3	
정리	• 이 회기 활동을 통해 느낀 점이나 깨달은 점을 한 사람씩 차례로 발표하게 한다. • 이 회기의 목적과 필요성을 정리한다.		5	
차시예고	• 5회기: 세상에 너를 소리쳐~			
유의점	• 콜라주 활동 시 너무 많은 시간을 주지 말고 시간을 지키도록 한다. • 미래의 원하는 모습에 대비되는 현재의 행동이나 모습을 돌아볼 수 있도록 초점을 맞춘다.			

4회기: 너 자신을 알라!

1) 목표: 미래 꿈꾸는 모습과 현재 자신의 행동과의 차이를 극대화함으로써 현재 행동이나 사고를 바꾸도록 한다.

2) 프로그램 내용(활동지 4-1~4-2, 대안 메뉴판)

- 주제 소개하기: 자신이 원하는 삶을 구체적으로 영상화하여 그려 보고 그런 삶과 현재 자신의 행동이나 생각이 어떤 차이가 있고 어떻게 다른지 살펴본다.
- 되고 싶은 미래의 나(활동지 4-1): 미래 되고 싶은 자신의 모습을 영상화해서 그려 본다(상상한 모습을 이미지로 표현한다). 그러면서 자신의 원하는 모습을 사진 찍듯 기억에 남긴다. 되고 싶은 것이 없다고 대답할 때 "죽고 싶을 때 뭔가 잘되지 않을 때 죽고 싶어진다. 무엇인가 원하는 것이 안 돼서 죽고 싶나? 그 원하는 것을 찾아서 그리거나 잡지책에서 찾아보자."라고 독려한다. "예를 들면, 폼나게 살고 싶은데 그게 안 될 것 같은 좌절감에서 죽고 싶고, 엄마, 아빠 화목하게 살면 좋을 텐데 그게 안 돼서 죽고 싶다면 원하는 모습을 그려 보고 그렇게 된 나를 표현해 보자." 라고 부드럽게 얘기해 준다.
- 지금의 나(활동지 4-2): 현재의 학교, 집, 친구관계에서 일어나는 생각이나 행동 중에 나의 미래 모습에 반하는 생각, 행동을 찾아서 적어 본다(현재 모습 비춰 보기, 구체적인 생각이나 행동 찾기). 그런 자신을 봤을 때 느껴지는 감정이나 생각을 표현해 본다(스스로에게 '지금 현재 모습은 원하는 삶인가' 또는 '이렇게 살면 원하는 모습에 갈 수 있을까'라고 질문 던지기 등등).
- 대안 메뉴판(미래의 나를 위한 대안탐색하기): 미래의 나를 가꾸고 한발 다가가기 위해 자살생각이나 시도의 대안을 작성해 본다. 이때 자신의 미래 모습에 도움이 되는 대안을 대안 메뉴판을 보고 찾아보도록 한다.
- 변화에 대한 확신 정도 표시하기: 0~10점으로 표시
- 느낀 점 나누기(좋았던 점, 아쉬운 점, 도움이 된 것, 새로 알게 된 점, 앞으로 하고 싶은 것) 및 4회기 요약하기

5회기: 세상에 너를 소리쳐~

단계	알아내기	운영방법	전체 집단 및 소집단별
활동목표	나에 대한 부정적인 감정을 분출하고 긍정적인 정서를 나누면서 체험한다.		

과정	활동 내용	준비물	시간(분)	
도입	• 자신에 대한 부정적인 감정을 표출하고 긍정성을 회복하는 것이 중요하다는 것을 인식시킨다.		3	
전개	❖ 나에 대한 부정적인 감정 던지기 • 감정카드 활동지를 이용해 평상시 느끼는 부정적인 감정 3가지를 찾아본다. • 부정적인 감정이 생기는 상황을 적어 본다. • 신문지에 선택한 3가지 감정을 적고, 2회기에서 적은 나를 힘들게 하는 것 3가지를 쓴 메모지와 함께 구기고 던진다.	활동지 5-1	15	35
	❖ 감정의 변화 • 신문지에 적은 감정을 활동지 5-2에 적고, 우선순위를 정하여 점수를 매긴다.	활동지 5-1	10	
	❖ 긍정 댓글 나누기 • 긍정 늑대 이야기를 듣고, 긍정적인 생각이 중요함을 알도록 한다. • 색지에 자신에 대한 부정적인 생각을 적고, 종이비행기를 만들어 날린다. • 비행기를 무작위로 주워서 적힌 내용에 대한 긍정적인 댓글을 적어 준다.	활동지 5-2	17	
정리	• 이 회기 활동을 통해 느낀 점이나 깨달은 점을 한 사람씩 차례로 발표하게 한다. • 이 회기의 목적과 필요성을 정리한다.		5	
과제제시	• 긍정적인 자신의 모습으로 대안활동 실천하기			
차시예고	• 6회기: 아는 것이 힘이다!			
유의점	• 자신에 대한 부정적인 감정을 드러낼 수 있도록 동기를 높이고 먼저 시범을 보인다. • 비행기 날릴 때 긍정적인 피드백을 할 수 있도록 주의시킨다.			

5회기: 세상에 너를 소리쳐~!

1) 목표: 나에 대한 부정적인 감정을 분출하고 긍정적인 정서를 나누면서 체험한다.

2) 프로그램 내용(활동지 5-1~5-2)

- **주제 소개하기**: 자신에 대한 부정적인 감정에 대해서 다뤄 보는데 우선 분출해야 하고 그다음 긍정 경험을 많이 하는 것이 중요함을 말한다. 즉, 감정의 눈덩이 던지기 게임으로 신문지를 구기고 뭉쳐 던지면서 부정적인 감정을 분출해 본다. 그러나 부정적인 감정을 분출한다고 해서 행복해지지는 않는다는 것을 체험으로 느낀다. 다시 관점을 바꾸어 부정적인 일이나 정서를 긍정적인 관점으로 해석하여 희망비행기에 쓴다. 희망비행기를 친구들에게 날리고 받은 비행기에 희망의 댓글을 쓰면서 긍정적인 정서를 경험한다.
- **부정감정 던지기(활동지 5-1)**: 감정카드 활동지를 통해 평상시 자신에게 느끼는 부정적인 감정을 3가지 찾아본 후 언제 느끼는지 적어 본다. 신문지에 자신을 가장 힘들게 하는 감정 3가지를 매직펜을 이용해서 적은 후 칠판에 붙어있는 '나를 힘들게 하는 것들' 에 따른 감정들을 떼서 신문지와 함께 길고 힘 있게 찢는다. 찢은 신문지를 뭉치면서 신문지에 적힌 부정적인 감정을 뭉치고 던지면서 부정적인 감정을 분출한다.
- **감정의 변화**: 신문지에 적은 감정을 활동지에 3가지 적고 우선순위를 정한 후 0~10점으로 점수를 매긴다. (던지기 전의 감정 정도와 던진 후의 감정 정도를 표시한다. 감정이 완전히 사라지지 않는다는 것을 체험한다.) "다음에 이런 상황이 생기면 안 힘들어질까"라고 질문한 후 이런 활동도 중요하지만 근본적으로 자신에 대한 생각을 바꾸는 것이 중요하다는 것을 말한다.
- **긍정 댓글(활동지 5-2)**: 글을 읽어 준 후 자신이 충분히 긍정 늑대에게 먹이를 줄 수 있음을 알게 한다 (출처: http://cafe.daum.net/musicgarden/2R5K/28366). 종이비행기를 접은 후 자

신에 대한 부정적인 생각들을 떠올린다. 그 종이비행기에 자신에 대한 부정적인 생각들을 써서 날린 후 자기 근처에 날아온 친구의 종이비행기를 펼쳐서 글을 읽어 보고 친구에게 긍정적인 피드백을 해 준다. (10분간 계속 활동) 친구들이 해 준 긍정피드백을 보고 마음에 드는 피드백을 골라서 그것을 친구들에게 소개한다.

- 난 너무 소심해 → 넌 너무 신중해
- 나는 공부를 못해서 속상해 → 공부는 못하지만 운동은 잘하지, 인간성은 좋지

– 느낀 점 나누기(좋았던 점, 아쉬운 점, 도움이 된 것, 새로 알게 된 점, 앞으로 하고 싶은 것) 및 5회기 요약하기

– 과제제시: 긍정적인 자신의 모습으로 대안활동 실천하기

6회기: 아는 것이 힘이다!

<table>
<tr><td>단계</td><td>알아내기</td><td>운영방법</td><td colspan="2">전체 집단 및 소집단별</td></tr>
<tr><td>활동목표</td><td colspan="4">• 자신의 긍정적인 강점을 적극적으로 탐색하고 받아들인다.
• 자신의 강점으로 자살문제에 대한 대안을 탐색해 본다.</td></tr>
<tr><th>과정</th><th>활동 내용</th><th>준비물</th><th colspan="2">시간(분)</th></tr>
<tr><td>도입</td><td>• 자신도 긍정적인 모습이 있다는 것을 이해하고 받아들이는 것이 중요하다는 것을 언급한다.</td><td></td><td colspan="2">5</td></tr>
<tr><td rowspan="2">전개</td><td>❖ 나의 강점 찾기
• 활동지 6-1을 이용하여 체크리스트에 체크를 한다.
• 체크한 항목의 점수를 합하여 자신의 대표 강점 3가지를 찾아본다.</td><td>활동지 6-1</td><td>15</td><td rowspan="2">35</td></tr>
<tr><td>❖ 강점으로 대안 찾기
• 자신의 강점으로 성공한 경험을 적어 보고, 돌아가면서 나눈다.
• 자신의 강점으로 자살생각이나 행동에 대한 욕구가 생길 때 줄일 수 있는 방법을 적어 본다.
• 자신이 작성한 내용을 돌아가면서 나눈다.</td><td>활동지 6-2</td><td>20</td></tr>
<tr><td>정리</td><td colspan="2">• 이 회기 활동을 통해 느낀 점이나 깨달은 점을 한 사람씩 차례로 발표하게 한다.
• 이 회기의 목적과 필요성을 정리한다.</td><td colspan="2" rowspan="2">5</td></tr>
<tr><td>과제제시</td><td colspan="2">• 자신의 강점을 통한 대안활동을 실천해 보기</td></tr>
<tr><td>차시예고</td><td colspan="4">• 7회기: 뿌리 깊은 나무는 바람에 흔들리지 않는다!</td></tr>
<tr><td>유의점</td><td colspan="4">• 자신의 생각과 다른 강점이 나왔을 때, 당황하는 모습을 수용하고 현재 강점을 받아들일 수 있도록 유도한다.
• 다른 집단원의 성공경험을 경험하여 들을 수 있도록 분위기를 조성한다.</td></tr>
</table>

6회기: 아는 것이 힘이다!

1) 목표: 자신의 긍정적인 강점을 적극적으로 탐색하고 받아들인다.
자신의 강점으로 자살문제에 대한 대안을 탐색해 본다.

2) 프로그램 내용(활동지 6-1~6-2)

- 주제 소개하기: 자신의 긍정적인 모습을 찾아보고 그 모습을 수용하고 긍정적인 새로운 나를 만들어 간다. "강점이 뭐라고 생각하는가?" 라고 물어보고 없다거나 조용할 경우는 거창한 것을 예로 들지 말고, '나는 깡다구가 있다거나 고집이 세다' 등이 강점이 될 수 있다는 것을 소개한다.
- 나의 강점 찾기(활동지 6-1): 대표 강점 6개에 대한 강점 찾기 활동지를 작성하여 자신의 대표 강점을 찾아본다. 각각 같은 번호의 점수를 더하여 합산을 한 후 점수가 가장 높게 나온 영역이 자신의 강점이 된다. 찾아낸 강점 중에 점수가 가장 높은 영역의 대표 강점 3가지를 적어 본다(단, 공동 점수가 나왔을 때는 2가지 모두 적는다).
- 성공경험(활동지 6-2): 예전 경험에 비추어 볼 때 현재 찾은 자신의 대표 강점을 발현해서 문제를 해결한 경험을 떠올려 본다. 그 성공경험에 대해 적고 친구들 앞에서 발표한다.
- 강점을 활용한 대안 찾기(활동지 6-2): 자신의 강점을 최대한 살려서 자살문제를 극복할 수 있는 대처 방안을 탐색해 본다. 언제 죽고 싶은 생각이 들며 그 때 드는 감정이 무엇이고, 그때 스치는 생각이 뭔지에 대해서 적어 본 후, 나의 대표 강점을 발휘해서 이러한 자살생각을 어떻게 극복할 수 있을지 생각해 본다. 시간이 없을 때는 한 가지만 적도록 하고 친구들도 잘 들을 수 있도록 분위기를 독려한다.
- 느낀 점 나누기(좋았던 점, 아쉬운 점, 도움이 된 것, 새로 알게 된 점, 앞으로 하고 싶은 것) 및 6회기 요약하기
- 과제제시: 자신의 강점을 활용한 대안활동을 실천해 보기

7회기: 뿌리 깊은 나무는 바람에 흔들리지 않는다!

<table>
<tr><td>단계</td><td>알아내기</td><td>운영방법</td><td colspan="3">전체 집단 및 소집단별</td></tr>
<tr><td>활동목표</td><td colspan="5">• 자신이 중요하게 생각하는 가치를 탐색한다.
• 어떤 삶이 가치 있는 삶인지 알고 실천할 수 있다.</td></tr>
<tr><th>과정</th><th colspan="2">활동 내용</th><th>준비물</th><th colspan="2">시간(분)</th></tr>
<tr><td>도입</td><td colspan="2">• 가치의 의미와 중요성을 이해하고 그것이 나에게 어떤 의미가 있는지 생각해 보도록 유도한다.</td><td></td><td colspan="2">5</td></tr>
<tr><td rowspan="4">전개</td><td colspan="2">❖ 행복한 순간 찾아가기
• 눈을 감고 명상음악을 들으며 행복했던 경험을 떠올린다.
• 떠올린 경험을 활동지 7-1에 적은 후 나에게 미친 영향을 나눈다.</td><td>활동지 7-1</td><td>13</td><td rowspan="4">35</td></tr>
<tr><td colspan="2">❖ 가치관 경매하기
• 활동지 7-2에 나오는 가치관 목록을 보고, 중요도를 표시한 후 100만 원 안에서 각각 할당 금액을 적어 본다.
• 자신이 갖고 싶은 가치관을 경매를 통해서 사는 활동을 한다.</td><td>활동지 7-2</td><td>15</td></tr>
<tr><td colspan="2">❖ 가치 탐색 및 정의 내리기
• 활동지 7-3에 자신이 중요하다고 생각하는 가치 3가지를 적고, 그것에 대한 나만의 정의를 내려 본다.
• 중요하게 생각하는 가치를 지키기 위해 할 수 있는 행동이나 활동을 적어 본다.</td><td rowspan="2">활동지 7-3</td><td>5</td></tr>
<tr><td colspan="2">❖ 변화 의지 점검
• 자살생각이나 행동을 변화시키고 싶은 의지를 점수로 표시하게 한다.</td><td>2</td></tr>
<tr><td>정리</td><td colspan="3">• 이 회기 활동을 통해 느낀 점이나 깨달은 점을 한 사람씩 차례로 발표하게 한다.
• 이 회기의 목적과 필요성을 정리한다.</td><td colspan="2" rowspan="2">5</td></tr>
<tr><td>과제제시</td><td colspan="3">• 자신의 가치를 지킬 수 있는 대안활동을 실천해 보기</td></tr>
<tr><td>차시예고</td><td colspan="5">• 8회기: 바람과 함께 사라지다~</td></tr>
<tr><td>유의점</td><td colspan="5">• 자발성과 적극적 참여를 강조하면서 '나의 약속'과 활동규칙을 반드시 지키도록 일깨운다.
• 타인을 존중하는 마음과 긍정적인 태도를 가지도록 강조한다.</td></tr>
</table>

7회기: 뿌리 깊은 나무는 바람에 흔들리지 않는다!

1) 목표: 자신이 중요하게 생각하는 가치를 탐색한다.

어떤 삶이 가치 있는 삶인지 알고 실천할 수 있다.

2) 프로그램 내용(활동지 7-1~7-3)

- 주제 소개하기: 우리를 행동하게 하고 그 행동의 결과에 대해서 불행하게 또는 행복하게 여기는 것의 기준이 되는 것이 가치라는 것이다. 즉, 자신이 중요하게 생각하는 가치에 따라서 불행해지기도 하고 행복해지기도 하는 것이다. 이번 회기에서는 자신이 중요하게 생각하는 가치를 찾아보고 가치의 중요성을 파악하여 그것이 나에게 어떤 의미인지 살펴본다.
- 행복한 순간 찾아가기(활동지 7-1): 눈을 감고 약간 경쾌한 명상음악을 들으며 행복했던 경험을 떠올린다. 언제, 어느 곳에서, 기분이 어떤가? 무엇이 좋았었는지? 나에게 그것은 어떤 의미가 있었는가? 나에게 미친 영향은 무엇인지 써 본 후 자라면서 자신을 기쁘게 했던 경험들을 떠올려 그것에 대해 작성하고 친구들과 나눈다.
- 가치관 경매(활동지 7-2): 여러 가치가 적혀 있는 활동지 7-2에서 자신의 인생에서 중요한 가치가 무엇인지 생각해 보고 중요도를 표시한 후 할당 금액을 적어 본다. 각자에게 100만 원이 있다고 생각한 후 마음대로 다음 가치들에 금액을 할당할 수 있도록 한다.
- 가치 탐색 및 정의 내리기(활동지 7-3): 자신이 소중하게 생각하는 가치관과 관련된 의식을 명확히 하기 위하여 자신이 중요하게 생각하는 가치를 3가지 쓰고 자신이 이 가치를 지키기 위해 할 수 있는 행동이나 활동들을 적어 본다.
- 변화에 대한 확신 정도 표시하기(활동지 7-3): 0~10점 중에 현재 변화 의지에 동그라미 친다.
- 느낀 점 나누기(좋았던 점, 아쉬운 점, 도움이 된 것, 새로 알게 된 점, 앞으로 하고 싶은 것) 및 7회기 요약하기
- 과제제시: 자신의 가치를 지킬 수 있는 대안활동을 실천해 보기

8회기: 바람과 함께 사라지다~

<table>
<tr><th>단계</th><td>실천하기</td><th>운영방법</th><td colspan="3">전체 집단 및 소집단별</td></tr>
<tr><th>활동목표</th><td colspan="5">• 스트레스적인 일상 상황을 낙관적으로 생각해 본다.
• 긍정 대화법을 사용하여 스트레스 상황을 해결해 보는 경험을 한다.</td></tr>
<tr><th>과정</th><th colspan="2">활동 내용</th><th>준비물</th><th colspan="2">시간(분)</th></tr>
<tr><th>도입</th><td colspan="2">• 비관적인 생각을 낙관적인 생각으로 바꿔 봄으로써 행복해 질 수 있음을 설명한다.</td><td></td><td colspan="2">5</td></tr>
<tr><th rowspan="3">전개</th><td colspan="2">❖ 낙관적으로 생각하기(교육)
• 활동지 8-1의 참고자료를 통해 낙관성에 관련된 내용을 교육한다.</td><td>활동지 8-1
참고자료</td><td>5</td><td rowspan="3">35</td></tr>
<tr><td colspan="2">❖ 낙관성 높이기(빙고게임)
• 활동지 8-1에 부정적인 상황에서 느끼는 부정적인 생각을 긍정적인 생각으로 바꿔서 적어 본다.
• 작성한 활동지 내용으로 빙고게임을 한다.</td><td>활동지 8-1</td><td>15</td></tr>
<tr><td colspan="2">❖ 긍정 대화하기
• 활동지 8-2로 긍정 대화하기를 연습해 본다.
• 2회기 때 적었던 나를 힘들게 하는 것을 긍정 대화로 바꾸는 활동을 한다.</td><td>활동지 8-2</td><td>15</td></tr>
<tr><th>정리</th><td colspan="3">• 이 회기 활동을 통해 느낀 점이나 깨달은 점을 한 사람씩 차례로 발표하게 한다.
• 이 회기의 목적과 필요성을 정리한다.</td><td colspan="2" rowspan="2">5</td></tr>
<tr><th>과제제시</th><td colspan="3">• 자신의 상황을 낙관적으로 바라보고 긍정 대화를 실천해 보기</td></tr>
<tr><th>차시예고</th><td colspan="5">• 9회기: 내 사전에 불가능은 없다</td></tr>
<tr><th>유의점</th><td colspan="5">• 비관적 생각을 낙관적으로 생각하는 활동이 어려울 수 있으므로 충분히 사례를 통한 교육이 이루어질 수 있도록 한다.
• 낙관성 빙고 게임에서 답을 지워 나갈 때 답을 지우는 학생들은 반드시 자신의 답을 발표하고 지울 수 있도록 하여 다른 학생들의 낙관적 사고를 확장해 나갈 수 있도록 유도한다.</td></tr>
</table>

8회기: 바람과 함께 사라지다~

1) 목표: 스트레스적인 일상 상황을 낙관적으로 생각해 본다.

긍정 대화법을 사용하여 스트레스 상황을 해결해 보는 경험을 한다.

2) 프로그램 내용(활동지 8-1~8-2, 활동지 8-1의 참고자료)

- 주제 소개하기: 스트레스 상황에서 해석을 어떻게 하느냐에 따라 부정적인 감정이나 행동이 나오게 된다. 따라서 비관적인 생각을 낙관적인 생각으로 바꿔 봄으로써 행복에 도달하는 데 도움이 될 수 있다. 또한 친구관계나 부모와의 관계를 잘하는 것은 행복해지는 데 가장 중요한 기본이다. 따라서 사랑하고 사랑받는 능력을 키우는 것이 중요하고 그런 능력은 대화방법을 통해서 키워질 수 있다. 이 회기에서는 생각을 낙관적으로 하고 긍정적으로 대화하는 방법을 익힘으로써 행복을 키우는 활동을 연습해 본다.
- 행복감을 높이기 위해 낙관적으로 생각하기(활동지 8-1 참고자료): 지속성, 확산성, 개인화에 대해 소개하고 중요함을 강조한다.

> • 지속성: 선생님은 맨날 나만 가지고 뭐라 해 → 선생님은 내가 떠들 때만 혼을 내셔
> • 확산성: 내가 좀 주장이 강하지 → 나는 중요한 일에 대해선 주장이 강해
> • 개인화: 난 시험에서 찍은 게 많이 맞았어, 웬 재수 → 행운도 아무한테나 오나

- 낙관성 높이기(빙고게임, 활동지 8-1): 평상시 자신의 마음을 힘들게 하는 비관적인 생각을 적어 보고 이것을 낙관적으로 생각해 본다. 빙고판에 스트레스 장면을 쓰고 그것을 낙관적 생각으로 고쳐 본다. 모두 다 적었는지 확인한 후, 한 사람이 스트레스 장면을 얘기하면 같은 상황인 사람은 자신이 생각한 낙관적 생각을 얘기하고 칸을 지운다. 대각선이나 가로, 세로 해서 세 줄이 먼저 지워지는 사람이 우승하도록 한다. 단, 낙관적 생각은 달라도 된다.

스트레스 장면	엄마가 잔소리 하실 때
비관적 생각	엄마는 맨날 잔소리만 해
낙관적 생각	엄마는 내 방 청소를 안 하면 꼭 잔소리를 하네

- 긍정 대화하기(활동지 8-2): 행복해지기 위해 스트레스 관리는 필수적이므로 행복은 개인적인 불만을 얼마나 효과적으로 상대방에게 전달하느냐에 달려 있다. 따라서 긍정 대화법은 불만을 긍정적인 형태로 타인에게 전달함으로써 긍정적인 결과를 낳도록 하는 방법이다. 예1)을 같이 읽으면서 연습한다. 예2)~4)를 적어 본 후 돌아가면서 얘기한다. 또한 예5)에서는 2회기에서 집단 브레인스토밍 했던 자신의 종이를 가져와서 그것들 중에 하나를 긍정 대화 또는 낙관적으로 고쳐 본다.

> – 긍정 대화법 –
> 1. 반드시 대화를 '나'로 시작하기
> 2. 반드시 불만이 아니라 소망을 표현하기
> 3. 반드시 긍정적인 감정 단어를 사용하기

- 느낀 점 나누기(좋았던 점, 아쉬운 점, 도움이 된 것, 새로 알게 된 점, 앞으로 하고 싶은 것) 및 8회기 요약하기
- 과제제시: 자신의 상황을 낙관적으로 바라보고 긍정 대화를 실천해 보기

9회기: 내 사전에 불가능은 없다

<table>
<tr><td>단계</td><td>실천하기</td><td>운영방법</td><td colspan="2">전체 집단 및 소집단별</td></tr>
<tr><td>활동목표</td><td colspan="4">• 진정한 용서의 의미를 생각해 보고, 용서 경험을 떠올려 행복감을 높인다.
• 아직 해결되지 않은 갈등에 대해서 되돌아보고 용서 받고 용서하는 경험을 체험한다.</td></tr>
<tr><th>과정</th><th>활동 내용</th><th>준비물</th><th colspan="2">시간(분)</th></tr>
<tr><td>도입</td><td>• 용서는 용서를 하는 사람이나 용서를 받는 사람의 마음이 평화롭기 때문에 자신을 위해서 하는 것이라는 것을 설명한다.</td><td></td><td colspan="2">3</td></tr>
<tr><td rowspan="2">전개</td><td>❖ 용서에 대한 정의 내리기
• 용서에 대한 정의를 내려보고, 그 이유를 적는다.
• 용서 받은 기억과 용서를 한 기억을 떠올려 보고, 각각의 느낌을 적는다.
• 용서에 대한 정의와 용서한 경험을 발표한다.</td><td>활동지 9-1</td><td>10</td><td rowspan="2">35</td></tr>
<tr><td>❖ 나 용서하기(빈의자 기법)
• 색종이에 예전이나 최근에 자신이 잘못해서 용서 받고 싶은 일이 있으면 적어 바구니에 담는다.
• 바구니에 담긴 색종이를 뽑아서 지도자가 읽으면, 돌아가면서 용서하는 말을 한다.
• 용서 받기 전과 용서 받은 후의 느낌을 나눈다.</td><td>활동지 9-2,
색종이,
바구니</td><td>25</td></tr>
<tr><td>정리</td><td colspan="2">• 이 회기 활동을 통해 느낀 점이나 깨달은 점을 한 사람씩 차례로 발표하게 한다.
• 이 회기의 목적과 필요성을 정리한다.</td><td colspan="2" rowspan="2">5</td></tr>
<tr><td>과제제시</td><td colspan="2">• 스트레스 상황에서 용서 활동을 시도하고 실천해 보기</td></tr>
<tr><td>차시예고</td><td colspan="4">• 10회기: 소년 소녀여, 야망을 가져라!</td></tr>
<tr><td>유의점</td><td colspan="4">• 용서 받고 용서한 경험, 용서 받기 전과 용서 받은 후의 느낌을 충분히 나눌 수 있도록 이야기를 중간에서 끊지 않도록 유의한다.</td></tr>
</table>

9회기: 내 사전에 불가능은 없다

1) 목표: 진정한 용서의 의미를 생각해 보고 용서 경험을 떠올려 행복감을 높인다. 아직 해결되지 않은 갈등에 대해서 되돌아보고 용서 받고 용서하는 경험을 체험한다.

2) 프로그램 내용(색종이, 바구니, 활동지 9-1~9-2)

- 주제 소개하기: 용서는 왜 하는가? 용서는 용서를 하는 사람이나 용서를 받는 사람이 마음이 평화롭게 되기 때문에 자신을 위해서 하는 것이다. 즉, 용서는 남을 위한 것이 아니고 나를 위한 행동이다. 용서를 하지 않고 미워하면 감정의 감옥에 갇혀 있게 된다. 그러므로 감정의 감옥에서 벗어나기 위해서는 용서하는 과정이 필요하다. 이번 시간에는 용서에 대해 생각해 본 후 용서하고 용서받은 경험을 떠올려서 그때 감정을 살펴보고자 한다. 한편, 나 자신의 과거 행동에 대한 용서를 구하고 용서를 하고 용서를 받는 경험을 통하여 그 감정으로부터 해방되는 체험을 하고자 한다.
- 용서에 대해 정의 내리기(활동지 9-1): 자신이 생각하는 용서가 무엇인지 용서에 대한 정의를 내려 보고 그 이유를 써 본다.
- 용서하고 용서 받기(활동지 9-1): 용서 받은 기억을 떠올려 보고 자신이 직접 용서한 기억을 떠올려 본 후 용서를 하고 난 후 마음이나 느낌을 나눠 본다.
- 나 용서하기(활동지 9-2): 최근에 내가 잘못해서 용서 받고 싶은 경험이 있으면 종이에 적은 후 접어서 바구니에 담는다. 다 담았으면 리더가 뽑아서 직접 내용을 읽은 후 테이블 중앙에 놓고 친구들이 각자 용서하는 한마디씩을 해 준다. 모두 다 얘기가 끝났으면 자신을 용서하기 전의 감정과 용서한 후의 감정을 나눈다.
- 느낀 점 나누기(좋았던 점, 아쉬운 점, 도움이 된 것, 새로 알게 된 점, 앞으로 하고 싶은 것) 및 9회기 요약하기
- 과제제시: 스트레스 상황에서 용서 활동을 시도하고 실천해 보기

10회기: 소년 소녀여, 야망을 가져라!

<table>
<tr><td>단계</td><td>실천하기</td><td>운영방법</td><td colspan="3">전체 집단 및 소집단별</td></tr>
<tr><td>활동목표</td><td colspan="5">• 현재 자신의 모습에 감사하고 계획을 실생활에서 실천할 수 있다.</td></tr>
<tr><th>과정</th><th colspan="2">활동 내용</th><th>준비물</th><th colspan="2">시간(분)</th></tr>
<tr><td>도입</td><td colspan="2">• 이번 집단 활동을 통해 살펴본 나의 긍정적인 모습을 회상하고 감사의 중요성을 설명한다.</td><td></td><td colspan="2">3</td></tr>
<tr><td rowspan="4">전개</td><td colspan="2">❖ 감사할 줄 아는 나
• 활동지 10-1을 채워 가며 자신의 강점, 장점 등을 돌아본다.
• 활동지 10-1에 나오는 화분을 3등분하여 학교에, 가정에, 혼자 있을 때의 마음을 크레파스 색깔로 표현해서 색칠해 본다.
• 색칠이 끝난 후 자신의 나무 모습을 보고 느낀 점을 발표한다.</td><td>활동지 10-1</td><td>12</td><td rowspan="4">35</td></tr>
<tr><td colspan="2">❖ 감사함 표현하기
• 자신에 대해서 있는 그대로의 모습을 수용하고 이것에 대한 감사함을 표현한다.</td><td>활동지 10-1</td><td>5</td></tr>
<tr><td colspan="2">❖ 응원의 한 말씀
• 활동지 10-2에 모든 집단원들이 돌아가면서 응원의 메시지를 적는다.</td><td>활동지 10-2</td><td>15</td></tr>
<tr><td colspan="2">❖ 행복을 향한 힘찬 발걸음
• 현재의 행복도를 스티커로 표시한다.</td><td>활동지 10-3,
스티커</td><td>3</td></tr>
<tr><td>정리</td><td colspan="3">• 이 회기 활동을 통해 느낀 점이나 깨달은 점을 한 사람씩 차례로 발표하게 한다.
• 이 회기의 목적과 필요성을 정리한다.</td><td colspan="2" rowspan="2">5</td></tr>
<tr><td>과제제시</td><td colspan="3">• 잠자기 전에 하루 3가지 감사거리를 생각하며 잠자기</td></tr>
<tr><td>유의점</td><td colspan="5">• 프로그램에 참여한 학생들이 만족감을 느끼고 프로그램 내용이 내면화가 되도록 지도한다.
• 힘든 일이 있을 때 주위 사람들에게 도움을 요청할 수 있다는 것을 강조한다.</td></tr>
</table>

10회기: 소년 소녀여, 야망을 가져라!

1) 목표: 현재 자신의 모습에 감사하고 친구들에게 행복을 나눠 주고, 행복을 실생활에서 실천할 수 있다.

2) 프로그램 내용(활동지 10-1~10-3)

- 주제 소개하기: 이번 집단 활동을 통해 다각도에서 찾은 나의 긍정적인 모습을 수용하고 이에 대해 감사하는 마음을 가진다. 이러한 마음으로 작은 것 하나에도 감사하는 마음을 가지면 실생활에서 힘든 스트레스 상황을 잘 극복해 나갈 수 있다.
- 감사할 줄 아는 나(활동지 10-1): 10회기 집단 활동을 하는 동안 살펴본 자신의 강점, 장점, 나에게 힘이 되는 것, 내가 원하는 모습, 내가 소중하게 생각하는 가치에 대해서 활동지에 적으면서 마음속에 새겨 본다. 자신의 나무를 좀 더 튼튼하게 키우기 위해 화분에 흙을 넣는 활동으로 3등분하여 학교에, 가정에, 혼자 있을 때의 마음을 크레파스 색깔로 표현해서 색칠해 본다. 색칠이 끝난 후 자신의 나무 모습을 보고 느낀 점을 발표한다. 여러 가지 색깔이 조화를 이루어 아름다운 나무를 만들고 있고 이 아름다운 나무가 성장하고 있는 자신이라는 것을 잊지 않도록 강조한다.
- 감사함을 표현하기(활동지 10-1): 나에 대해서 있는 그대로의 모습을 수용하고 이것에 대한 감사함을 표현한다.
- 응원의 한 말씀(활동지 10-2): 이제 우리가 헤어져야 할 시간이므로 힘이 될 수 있는 추억이 될 수 있도록 한다. 즉, 각자의 생활로 돌아가서도 힘내서 행복하게 생활할 수 있도록 응원의 한마디를 돌아가면서 적어 준다. 응원의 한 말씀 종이에 자신의 별칭을 적은 후 자신의 오른쪽으로 종이를 넘긴다. 시간을 잘 조절하면서 집단원들이 다 썼는지 확인한 후 다시 계속 돌려서 자기 종이가 되돌아올 때 멈춘다. 친구들이 써 준 글을 읽으면서 가장 마음에 드는 응원 내용을 정하고 같이 나눈다.

- 행복을 향한 힘찬 발걸음(활동지 10-3): 현재의 행복도를 스티커로 표시한다.
- 느낀 점 나누기(좋았던 점, 아쉬운 점, 도움이 된 것, 새로 알게 된 점, 앞으로 하고 싶은 것) 및 10회기 요약하기
- 과제제시: 평상시 대안활동을 꾸준히 할 수 있도록 강조한다. 그리고 어려움이 닥쳤을 때 대처하는 방법을 잊지 않고 실생활에서 활용할 수 있도록 독려하고 긍정적인 자신의 모습을 사랑하며 그것에 대해 감사하면서 살아가기 위해서 잠자기 전에 하루 3가지 감사거리를 생각하며 잠이 들 수 있도록 한다(감사일기 쓰기).

2. 프로그램 활동지

활동지 1-1

※ 자신의 자살생각이나 행동을 변화시키고 싶은 당신의 의지는 몇 점입니까?

전혀 없다	1	2	3	4	5	6	7	8	9	10	매우 높다

007게임

※ 4명이 한 조를 이루어 침투조 1, 2, 3과 지휘관으로 나눈 후 침투조 1, 2, 3이 설명한 내용을 지휘관이 듣고 그림을 완성해 보도록 한다. (상대방이 말하는 것을 듣고 그림 그리기)

활동지 1-2

나의행복지수

※ 다음은 여러분의 일상생활에서 만족하는(행복) 정도를 알기 위한 활동입니다. 각 칸에서 얼마나 행복해하면서 살고 있는지 해당 점수에 스티커로 표시해 주세요. (1점: 매우 불만족 ~ 10점: 매우 행복)

구분	내가 있는 곳에서의 행복도			내가 만나는 사람과의 행복도		
	가정	학교	학원	친구관계	부모님과의 관계	다른 가족원 (형제, 자매) 관계
행복도 점수	10	10	10	10	10	10
	9	9	9	9	9	9
	8	8	8	8	8	8
	7	7	7	7	7	7
	6	6	6	6	6	6
	5	5	5	5	5	5
	4	4	4	4	4	4
	3	3	3	3	3	3
	2	2	2	2	2	2
	1	1	1	1	1	1

활동지 1-3

우리들의 약속

1. 오늘은 행복을 찾아 떠나는 여행의 출발지입니다. 우리는 이 모임을 통해서 또 다른 나의 모습과 새로운 가능성을 발견하게 될 것입니다. 우리 모두가 재미있고 유익한 활동을 하기 위해서 서로를 존중하고 도와줄 수 있는 우리의 약속을 정해 봅시다.

집단 활동에 ______________________________ 참여한다.

내 마음을 숨기지 않고 있는 그대로 솔직히 말한다.

다른 친구들의 이야기를 ________________________ 듣는다.

여기서 나눈 이야기는 다른 곳에서 ______________________.

나의 생명을 _____________________ 것이다.

나의 목표:

나는 이 약속을 꼭 지키겠습니다.

201 년 월 일 별칭: ______________

※ 불리면 기분이 좋을 것 같은 이름(별칭) :

별칭: ______________________________

너 또한 행복했으면 해!

활동지 2-1

나를 힘들게 하는 것들

※ 청소년의 자살생각이나 시도에 대해서 선행 연구들에서 그 원인을 여러 가지로 얘기하고 있습니다. 여러분은 다음의 작성된 여러 원인을 보고 '자신이 죽고 싶다' 라고 느끼게 만드는 것들에 대해서 동그라미를 쳐 보세요.

가족 구성원 간의 갈등, 가정폭력, 부모의 일방적인 지시, 부모의 지나친 관심과 기대, 성추행, 성폭력, 무관심, 이혼이나 별거, 대화단절, 상대적 가난함, 왕따, 친구와의 갈등, 놀림, 학교폭력, 협박, 따돌림, 이성친구와의 헤어짐, 외모, 성적 부진, 교사와의 갈등, 질병, 가족 구성원과의 이별, 입시위주의 환경, 기타( )

그중에서 나의 '죽고 싶다는 생각이나 시도' 에 영향력을 가장 많이 미치는 것 3가지를 골라 보세요.

• 1위: • 2위: • 3위:

※ 그런 상황에 맞닥뜨렸을 때, 마음속에서 일어나는 감정을 찾아 동그라미 한 후, 앞의 영향력이 큰 사건과 연결하여 이야기를 만들어 보세요. (예: 1위가 친구와의 갈등이면, 친한 친구와 싸웠고 그 친구와 학교에서 만나면 친구가 못 본 체하는 것을 보면 너무 화가 나고 배신감을 느낀다.)

슬픔, 당황, 허무함, 실망감, 혼자 감당해야 함, 무기력, 한심함, 좌절감, 허전함, 외로움, 희망 없음, 소외감, 무가치함, 주위에 아무도 없는 듯한 느낌, 우울, 분노, 복수심, 배신감, 미움, 절망감, 미안함, 쪼그라지는 듯한 느낌, 답답함, 상실감, 자책감, 불안, 이해받지 못함, 질투심, 지침, 후회스러움, 두려움, 열등감, 기타( )

• 1위: • 2위: • 3위:

※ 포스트잇을 이용해서 '나를 힘들게 하는 것들/그때 감정' 을 써서 검은색 종이에 붙인다.

활동지 2-2

나를 살게 하는 것들

※ 자살생각이나 시도에도 불구하고 지금 여러분은 살아 있습니다. 그럼 분명히 나를 살게 하는 또는 나의 존재에 대한 이유가 있을 것입니다. 이것을 보호요인이라고 하는데 여러분의 삶의 보호요인은 무엇이 있는지 생각해 보고 아래에서 동그라미를 쳐 보세요.

> 아버지, 어머니, 동생, 언니(누나), 오빠(형), 친구, 이성친구, 선생님, 친척, 동물, 소중한 물건, 자신의 소중함, 미래 꿈, 희망, 겁 많음, 믿음, 음악, 영화, 운동, 책 읽기, 걷기, 모델링, 잠자기, 공부, 종교, 용기, 기타(   )

그중에서 나의 삶에 대한 의지에 영향력을 가장 많이 미치는 것 3가지를 골라보세요.

• 1위: • 2위: • 3위:

※ 삶에 대한 의지를 높이는 데 영향력을 미치는 3가지에 대해서 죽고 싶을 때 다른 한편의 마음속에서 일어나는 생각이나 감정을 찾아보고 살고자 하는 의지를 높이는 요인과 연결하여 이야기를 만들어 보세요. (예: 죽고 싶을 때 문득 동생들을 생각하면 내가 돌봐야 되는데 내가 죽으면 불쌍한 동생들이 어떻게 사나 하는 마음이 들어서 죽고 싶은 생각이 없어진다.)

• 1위: 죽고 싶을 때 반대로 마음 한편에서 ______________________________

____

• 2위: 죽고 싶을 때 반대로 마음 한편에서 ______________________________

____

• 3위: 죽고 싶을 때 반대로 마음 한편에서 ______________________________

____

※ 포스트잇을 이용해서 '나를 살게 하는 것들/그때 감정' 을 써서 다른 쪽의 검은색 종이에 붙인다.

활동지 3-1

이득과 손해 따져 보기

※ 죽고 싶은 생각은 어떤 상황에서 마음속에 어떤 감정이 들었기 때문에 일어나게 됩니다. 따라서 죽고 싶은 생각을 함으로써 마음속에 일어나는 생각이나 감정들이 자신에게 이득을 주기도 하고 손해를 주기도 합니다. 따라서 그에 따른 득실(이득과 손해)을 찾아서 작성해 보도록 합니다.

1. 단기적인 이득이나 손해 찾기
(단기적인 이익의 예: 분노가 조금 줄어든다, 단기적인 손해의 예: 다른 일에 집중할 수가 없다)

단기적인 이득	단기적인 손해

2. 장기적인 이득이나 손해

장기적인 이득	장기적인 손해

※ 집단 브레인스토밍
칠판에 칸을 만들어 득실을 돌아가면서 불러본다. 더 이상 부를 내용이 없을 때까지 계속한다.

활동지 3-2

대안 찾기

※ 앞 칠판에 적어 놓은 죽고 싶은 생각에 대한 이익과 손해를 볼 때 어떤 느낌이 드는지 적어 보세요.

※ 죽고 싶은 생각에 대한 대안 찾기(대안 메뉴판): 칠판에 남은 죽고 싶은 생각이나 시도의 이득에 대해서 자살 말고 다른 대안을 대안 메뉴판에서 찾아봅시다. (자살생각이 났을 때 대안으로 자살생각에 대한 이득을 유지하면서 손실을 줄이는 방법으로 대안을 찾고 표현해 봅시다.)

예: 분노를 낮추기 위해 밖으로 나가 소리 지르기

※ 대안 메뉴판

- 정보 찾아 읽어 보기
- 집단 활동 참여하기
- 친구들과 수다 떨기
- 새로운 친구 만나기
- 잘하는 일에 집중하기
- 가족 즐겁게 해 주기
- 친구들 즐겁게 해 주기
- 다른 사람과 생각이나 느낌 공유하기
- 숙제하기
- 사람 구경하러 가기
- 애정 표현하기
- 미래의 나의 모습 그려 보기
- 햇빛 쬐기
- 동물과 놀아 주기
- 느낌이 들어 있는 일기 쓰기
- 목욕이나 샤워하기
- 편지 쓰기
- 특별 계획 세우기
- 용서하고 감사하기
- 친구에게 사과하기
- 밤에 잠 잘 자기
- 좋아하는 것 할 시간 가지기
- 마음 느긋하게 먹기
- 매력적으로 되기 위한 노력하기
- 신선한 공기 마시기
- 자리 떠나기
- 요청하기
- 입장 바꿔 생각하기
- 누군가를 칭찬하기
- 평소에 입지 않던 옷 입기
- 평화와 고요함을 경험하기
- 책 읽기
- 잠자기
- 격렬한 운동에 참가하기
- 연극 연주회 가기
- 엉엉 울어서 털어 버리기
- 봉사활동하기
- 등산하기
- 버스나 기차 타고 여행하기
- 자신을 위해 쇼핑하기
- 문제 해결에 노력하기
- 자신을 주장하기
- 종교활동에 참여하기
- 요리하기
- 춤추기
- 자신을 사랑하는 마음 가지기
- 스포츠 관람하기
- 선물하기
- 크게 웃기
- 아름다운 것 보기
- 선생님과 얘기하기
- 공부하기
- 강연회 참석하기
- 문화활동에 참여하기
- 스승이나 친구에게 조언 듣기
- 사진 찍기
- 구름 지켜보기
- 친구 집에 놀러가기
- 집에 친구 초대하기
- 재미있는 이야기나 유머 듣기
- 보기
- 비디오 보기
- 수영하기
- 음악감상하기
- 기타(   )

활동지 4-1

되고 싶은 미래의 나

※ 다음 칸에 제시한 사항을 적은 후에 잡지책을 이용하여 자신의 미래에 되고 싶은 모습을 자유롭게 창의적으로 만들어 봅시다. (이때 되고 싶은 모습이 없어도 현재 생활이 불만족스러운 것은 현재가 내가 원하는 모습이 아니어서 불만족이 생기므로 정말로 되고 싶은 모습은 어떤 모습인지 생각해 보도록 한다.)

당신은 미래 어떤 모습으로 행복하게 살고 싶습니까?

활동지 4-2

지금의 나

※ 현재 학교나 가정생활을 할 때 주로 드는 생각이나 행동 중에 나의 미래 모습에 반대되는 생각이나 행동을 찾아봅시다. (현재 모습 비춰 보기, 구체적인 생각이나 행동 찾기, 자기가 싫어하는 자신의 모습 등)

1. 학교에서의 나 ______________________________

2. 집에서의 나 ______________________________

3. 친구관계에서의 나 ______________________________

※ 대안 메뉴판: 내가 되고 싶은 미래의 모습에 도움이 되는 활동을 대안 메뉴판에서 찾아봅시다. (예: 친구와 싸우면 아무 말도 안 하고 있었는데 친구에게 다가가 사과해 보기)

- -

- -

※ 자신의 죽고 싶은 생각이나 행동을 변화시켜 행복해지고 싶은 당신의 의지는 몇 점입니까?

전혀 없다	1	2	3	4	5	6	7	8	9	10	매우 높다

활동지 5-1

부정감정 던지기

※ 자신이 죽고 싶은 생각이 들 때 가장 많이 느끼는 나에 대한 부정적인 감정을 3가지 찾아 동그라미 친 후 나에 대한 생각 및 언제 그런 감정을 느꼈는지 적어 보세요.

※ 앞의 감정이 일어났던 때는 언제인지 적어 보세요.

언제:	감정:
나에 대한 생각:	

※ 신문지에 스트레스 상황에서 일어나는 힘든 감정을 모두 적고, 다 적은 사람은 신문지를 열심히 찢는다. 찢은 신문지를 뭉쳐서 힘차게 던져 버린다.

※ 부정적인 사건이나 자신에 대한 부정적인 감정을 던지기 전의 점수와 던진 후의 점수는 몇 점입니까?

전혀 없다	1	2	3	4	5	6	7	8	9	10	매우 높다

활동지 5-2

긍정 댓글

> **두 마리의 늑대**
>
> 한 연로한 인디언 추장이 자기 손자에게 말했습니다.
> "얘야 우리 마음 안에는 두 마리의 늑대가 있단다. 한 마리는 악한 늑대로서 그 놈이 가진 것은 화, 질투, 슬픔, 후회, 탐욕, 거만, 자기 동정, 죄의식, 회한, 열등감, 거짓, 자만심, 우월감 그리고 이기심이란다.
> 다른 한 마리는 좋은 늑대인데 그가 가진 것들은 기쁨, 평안, 사랑, 인내심, 평온함, 겸손. 이 두 마리 늑대는 우리 마음 안에서 늘 싸움을 한다." 손자가 추장 할아버지에게 물었습니다. "할아버지! 그러면, 어떤 늑대가 이기나요?" 추장은 답하였습니다.
> "내가 먹이를 주는 놈이 이기지."

※ 색지를 이용해 비행기를 만들어 본다. 다 만든 사람은 비행기 한쪽 날개에 부정적인 생각이나 요즘 자신이 겪고 있는 스트레스 상황이나 힘든 일을 적는다. (예: 난 너무 완벽주의야. 그리고 이기적이야.)

※ 비행기를 친구를 향해 날린다. 자신에게 날아오는 비행기를 잡아서 다른 쪽 날개나 주위에 긍정 댓글을 달아 준다. (예: 난 주위에 완벽주의 애들이 있는데 좋더라. 애들은 남에게 피해를 주지 않아. 그리고 사람은 다 이기적이야. 이기적인 게 어때서……. 힘내.)

※ 다 쓴 사람은 또다시 비행기를 날리고 자신에게 날아온 다른 비행기에게도 긍정 댓글을 달아 준다.

※ 긍정 댓글을 나눈 소감은?

____

____

____

활동지 6-1

나의 강점 찾기

※ 세상에서 하나뿐인 나. 세상에서 가장 소중한 나의 강점을 찾아봅시다.

내 용	매우 다르다 1	다르다 2	보통이다 3	비슷하다 4	매우 비슷하다 5
1. 언제나 세상에 대해 호기심이 많다.					
2. 새로운 것을 배울 때 전율을 느낀다.					
3. 판단력이 필요한 주제가 있을 때는 아주 이성적으로 판단한다.					
4. 어떤 일을 하는 데 필요한 새로운 방법을 찾는 것을 좋아한다.					
5. 어떤 성격의 단체에 가도 잘 적응을 한다.					
6. 항상 꼼꼼히 생각하고 더 큰 것을 볼 줄 안다.					
7. 강력한 반대에도 무릅쓰고 내 주장을 고수할 때가 많다.					
8. 한번 시작한 일은 끝까지 한다.					
9. 약속을 반드시 지킨다.					
10. 자발적으로 이웃을 도와준다.					
11. 본인의 기분과 행복 못지않게 내 기분과 행복에 관심을 기울이는 사람이 있다.					
12. 어떤 단체에 가입하면 최선을 다한다.					
13. 어떤 사람에게든 똑같이 대한다.					
14. 일일이 참견하지 않고도 사람들이 단합해 일하도록 이끌어 준다.					
15. 내 정서를 다스릴 줄 안다.					
16. 다칠 위험이 있는 일은 하지 않는다.					
17. 다른 사람들이 나를 칭찬할 때면 슬그머니 화제를 돌린다.					
18. 음악, 미술, 연극, 영화, 스포츠, 과학, 수학의 아름다움과 경이로움을 보고 전율한 적이 있다.					
19. 아무리 하찮은 일이라도 항상 고맙다고 말한다.					
20. 항상 긍정적인 면만 본다.					
21. 삶의 목적이 뚜렷하다.					
22. 과거의 것을 문제 삼지 않는다.					
23. 되도록 일과 놀이를 잘 배합한다.					
24. 무슨 일을 하든 전력을 다한다.					

내 용	매우 다르다 5	다르다 4	보통이다 3	비슷하다 2	매우 비슷하다 1
1. 쉽게 싫증을 낸다.					
2. 박물관이나 다른 교육적 장소에 한번도 가 본 적이 없다.					
3. 성급하게 판단하는 경향이 있다.					
4. 내 친구들은 대부분 나보다 상상력이 뛰어나다.					
5. 다른 사람들의 감정에 아주 둔하다.					
6. 내게 조언을 구하러 오는 사람은 거의 없다.					
7. 고통과 좌절 때문에 내 의지를 굽힐 때가 많다.					
8. 일을 할 때면 딴전을 피운다.					
9. 친구들은 내게 솔직하게 말하는 법이 없다.					
10. 다른 사람들의 행운을 내 일처럼 좋아한 적이 거의 없다.					
11. 다른 사람들이 베푸는 사랑을 제대로 받아들이지 못한다.					
12. 소속 집단의 이익을 위해 내 개인적인 이익을 희생시킬 생각은 없다.					
13. 내가 싫어하는 사람을 공정하게 대하기가 힘들다.					
14. 단체 활동을 조직하는 데는 소질이 없다.					
15. 다이어트를 오래 하지 못한다.					
16. 나쁜 친구를 사귀거나 나쁜 사람들을 만나는 경우가 있다.					
17. 스스로 한 일을 추켜세우는 편이다.					
18. 평소에 아름다움과는 전혀 무관하게 지낸다.					
19. 내가 받은 은혜에 대해 거의 생각하지 않는다.					
20. 내가 하고 싶은 일을 하기 위해 철저하게 계획한 적이 거의 없다.					
21. 사명감이 없다.					
22. 기어코 복수하려고 애쓴다.					
23. 우스갯소리를 거의 할 줄 모른다.					
24. 의기소침할 때가 많다.					

구 분	영 역	점수	등수
지혜와 지식	1. 호기심		
	2. 학구열		
	3. 판단력		
	4. 창의성		
	5. 사회성		
	6. 예견력		
용기	7. 호연지기		
	8. 끈기		
	9. 지조		
사랑과 인간애	10. 친절		
	11. 사랑		
정의감	12. 시민정신		
	13. 공정성		
	14. 지도력		
절제력	15. 자기통제력		
	16. 신중함		
	17. 겸손		
영성과 초월성	18. 감상력		
	19. 감사		
	20. 희망		
	21. 영성		
	22. 용서		
	23. 유머감각		
	24. 열정		

나의 대표 강점은?

활동지 6-2

성공경험

※ 자신의 강점을 발현해서 문제를 해결한 경험을 써 봅시다.

성공경험

1. ______________________________

____

2. ______________________________

____

※ 죽고 싶은 생각이 들려고 할 때 자신의 강점을 최대한 살려서 이것을 극복할 수 있는 대처 방안을 상세하게 적어 보세요.

언제 ____________________ 그때 감정 __________

스치는 생각 ______________________________

나의 강점 ______________________________

언제 ____________________ 그때 감정 __________

스치는 생각 ______________________________

나의 강점 ______________________________

활동지 7-1

행복한 순간 찾아가기

※ 우리가 태어나서 이 자리에 있기까지 지나간 순간마다 크고 작은 일들이 있었습니다. 여러분이 만났던 사람들, 즉 가정에서는 가족들, 학교에서는 선생님과 친구들, 이웃에서 만난 사람들을 생각하면서 가장 행복했던 때를 떠올려 보세요. 그것이 나에게 어떤 의미가 있어서 나를 행복하게 했는지 한번 같이 생각해 봅시다.

1. 언제/어느 곳?

2. 기분이 어떤가?

3. 무엇이 좋았었는지?

4. 나에게 그것은 어떤 의미?

5. 나에게 미친 영향?

활동지 7-2

가치관 경매

※ 자신의 인생에서 중요한 가치가 무엇인지 생각해 보고 표시한 후 할당 금액을 적어 보세요. 여러분에게 100만 원이 있습니다. 여러분 마음대로 다음 가치들에 금액을 할당할 수 있습니다.

번호	나의 소중한 가치	자기에게 중요한 정도			나의 할당 금액?	누가 샀지?	
		매우 중요	중요	보통		누가?	얼마에?
1	신뢰						
2	활기참						
3	가족의 화목						
4	다른 사람의 사랑을 받는 것						
5	자유						
6	우정						
7	꿈(성취)						
8	공부						
9	평화						
10	노력						
11	긍정적 사고						
12	나 자신						
13	현명함과 지혜						
14	경제적 여유						
15	사랑할 수 있는 마음						

활동지 7-3

가치 탐색 및 정의 내리기

※ 가장 소중하다고 생각하는 것(꼭 지키고 싶은 가치) 3가지에 대한 나만의 정의를 내려 본 후, 자신이 이 가치를 지키기 위해 할 수 있는 행동이나 활동들을 적어 보세요.

가치	정의 / 내가 할 수 있는 행동
	• 정의: • 내가 할 수 있는 행동:
	• 정의: • 내가 할 수 있는 행동:
	• 정의: • 내가 할 수 있는 행동:

※ 자신의 자살생각이나 행동을 없애고 행복해지고 싶은 당신의 의지는 몇 점입니까?

전혀 없다	1	2	3	4	5	6	7	8	9	10	매우 높다

활동지 8-1 참고자료

낙관적으로 생각하기

※ 나의 스트레스 장면에서 내가 가지고 있는 비관적인 생각을 낙관적인 생각으로 바꿔 보아요.

▶ 비관적 감정은 이렇게 생겨나요

비관적 생각/ 낙관적 생각

비관적 생각: 행복에 도달하는 데 방해가 되는 생각

낙관적 생각: 행복에 도달하는 데 도움이 되는 생각

▶ 행복감을 높이기 위한 낙관적인 생각

지속성

일상생활 속에서 좋은 일은 반복해서 발생할 수 있도록 하고 나쁜 일은 발생하는 빈도가 줄어들도록, 사건을 해석하기 믿으며 또 그러한 판단에 기초해서 행동하는 것

확산성

좋은 일이 일상생활의 다른 영역에서도 일반화될 수 있도록 사건을 해석하고 믿으며 또 그러한 판단에 기초해서 행동하는 것

개인화

좋은 일 또는 부정적인 사건에 대해서 자신에게 얼마만큼 책임이 있다고 해석하고 믿으며, 또 그러한 판단에 기초해서 행동하는 것. 부정적 사건에 대해 외부귀인을 할수록 낙관적인 것이지만, 무책임성과는 구분해야 할 필요가 있음

▶ 낙관적으로 생각하기

1. 선생님은 맨날 나만 뭐라 해 → 선생님은 내가 떠들 때만 혼을 내셔
2. 내가 좀 주장이 강하지 → 나는 중요한 일에 대해선 주장이 강해
3. 난 시험에서 찍은 게 많이 맞았어, 웬 재수 → 행운도 아무한테나 오나

활동지 8-1

낙관성 높이기(빙고게임)

※ 자신의 마음을 힘들게 하는 비관적인 생각을 경험에 비추어 적어 보고 이것을 낙관적으로 생각해 봅시다.

스트레스 장면: 엄마가 잔소리 하실 때
비관적 생각: 엄마는 맨날 잔소리만 해
낙관적 생각: 엄마는 내 방 청소를 안 하면 꼭 잔소리를 하네

※ 다음 빙고판에 스트레스 장면을 쓰고 낙관적 생각을 적어 보세요. 대각선이나 가로, 세로 해서 세 줄이 먼저 지워지는 사람이 우승입니다. 단, 낙관적 생각은 달라도 됩니다. 지우는 사람은 자신의 낙관적 생각을 친구들에게 말한 뒤 지우도록 합니다.

활동지 8-2

긍정 대화하기

※ 행복하기 위한 가장 효과적인 방법이 긍정 대화를 하는 것입니다. 행복해지는 데 스트레스 사건에 대한 관리는 필수적이므로 행복은 개인적인 불만을 얼마나 효과적으로 잘 표현하느냐에 달려 있습니다.

> 긍정 대화법
>
> 1. 반드시 대화를 '나'로 시작하기
> 2. 반드시 불만이 아니라 소망을 표현하기
> 3. 반드시 긍정적인 감정 단어를 사용하기

※ 연습해 보기

예를 보고 같이 연습해 봅시다(단, '예 5)'는 2회기에서 자신을 힘들게 하는 것들을 떼어 내어 이것을 긍정 대화로 만들어서 적도록 한다).

> 예 1) 너는 왜 툭 하면 짜증내니? → 나는 네가 조금은 다정하게 말해 주었으면 고맙겠어.
>
> 예 2) 너는 왜 이렇게 게으르니? →
>
> 예 3) 엄마 아빠가 맨날 싸워서 짜증나? →
>
> 예 4) 친구들이 나를 놀리는 것이 화가 나 →
>
> 예 5) ______________________________

활동지 9-1

용서하고 용서 받기

※ 용서에 대한 정의를 내려 보고 그 이유를 써 보세요.

용서는 ____ 다.
왜냐하면 ______________________________________ 이기 때문이다.

※ 용서 받은 기억을 떠올려 보고 자신이 직접 용서한 기억을 떠올려 보세요. 용서를 하고 난 후 마음이나 느낌도 같이 적어 보세요.

- 용서 받은 기억 떠올리기(느낌):
- 용서한 기억 떠올리기(느낌):

활동지 9-2

나 용서하기

최근에 내가 잘못한 일을 색종이에 적는다. 글을 쓸 때 내가 잘못해서 일이 안 좋게 된 경우, 용기가 없어서 말을 못한 경우, 마음에 남아 있는 경험들 적기 → 바구니에 담기 → 뽑아서 테이블 중앙에 놓고 친구들이 각자 용서하는 한마디씩 해 주기

활동지 10-1

감사할 줄 아는 나

나에게 힘이 되는 말?

나의 감정?

내가 원하는 인생?

내가 소중하게 생각하는 가치?

나에게 힘이 되는 것들?

현재의 나의 모습 그대로에 대해 감사함을 글로 적어 봅시다.

활동지 10-2

응원의 한 말씀

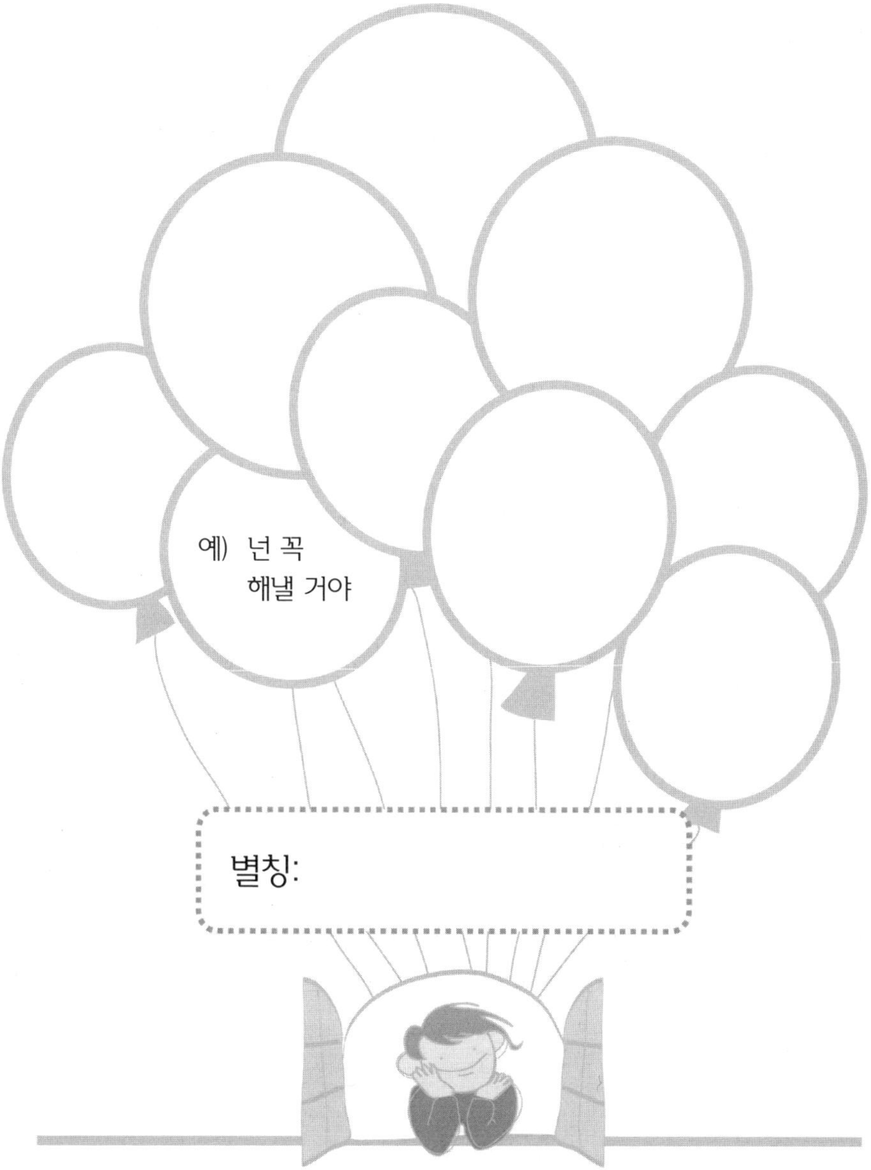

활동지10-3

행복을 향한 힘찬 발걸음

※ 현재의 행복도를 표시해 보세요. (1점: 매우 불만족 ~ 10점: 매우 행복)

구분	내가 있는 곳에서의 행복도			내가 만나는 사람과의 행복도		
	가정	학교	학원	친구관계	부모님과의 관계	다른 가족원 (형제, 자매) 관계
행복도 점수	10	10	10	10	10	10
	9	9	9	9	9	9
	8	8	8	8	8	8
	7	7	7	7	7	7
	6	6	6	6	6	6
	5	5	5	5	5	5
	4	4	4	4	4	4
	3	3	3	3	3	3
	2	2	2	2	2	2
	1	1	1	1	1	1

※ 자신의 자살문제를 해결하고 행복해지고 싶은 당신의 의지는 몇 점입니까?

전혀 없다	1	2	3	4	5	6	7	8	9	10	매우 높다

※ 다음은 여러분의 일상생활(가정, 학교 등등)에서 만족하는(행복) 정도를 알기 위한 활동입니다. 현재 여러분의 행복감 점수에 스티커로 표시해 주세요.

매우 불만족	1	2	3	4	5	6	7	8	9	10	매우 만족

※ 다음은 여러분의 일상생활(가정, 학교 등등)에서 만나는 대인관계에 만족하는 정도를 알기 위한 활동입니다. 현재 여러분의 대인관계 만족감 점수에 스티커로 표시해 주세요.

매우 불만족	1	2	3	4	5	6	7	8	9	10	매우 만족

05

청소년 자살행동 치료프로그램의 효과성 평가

1. 프로그램 효과성 평가 절차
2. 효과성 평가 결과

1. 프로그램 효과성 평가 절차

1) 연구대상

2012년 상반기에 실시한 전국 초·중·고등학생 대상 정서·행동 선별검사에서 청소년용 자살생각 질문지(Suicide Ideation Questionnaire-Junior: SIQ-JR) 점수를 기준으로 90점 이상의 높은 점수를 받은 중학생 45명을 대상으로 하였으며 이 학생들은 B시에 있는 중학교 세 곳에서 각각 15명씩 표집하였다. 일반적으로 SIQ-JR 점수가 62점 이상이면 학부모 동의하에 각 지역의 정신건강증진센터에 방문하여 정신건강 검진을 받도록 권장하고 있지만 3차 기관에 가지 않겠다고 의사를 밝힌 학생들을 대상으로 학교 위(Wee) 클래스에서 프로그램을 실시하였다. 선별된 학생들에게 실험 실시 전 개별적인 면담을 통하여 프로그램에 관해 설명하였고, 최종적으로 연구 참여 의사를 밝힌 총 30명 중 10명은 '치료집단'(본 청소년 자살행동 치료프로그램)에, 10명은 '비교집단'(생명존중 프로그램)에, 그리고 나머지 10명은 '대기자 통제집단'에 배정하였다.

2) 측정도구

(1) 우울척도

이 연구에서는 Beck(1967)의 우울척도(Beck Depression Inventory: BDI)를 이영호와 송종용(1991)이 번안한 청소년용 도구를 사용하였다. BDI는 부정적인 태도, 수행상의 어려움, 신체적 요소의 3개 하위요인으로 구성되어 있다. 총 21문항으로 청소년이 현재 자신의 상태에 해당하는 것을 4개의 문장 중에서 선택하도록 하였다. 이영호와 송종용(1991)의 연구에서 보고한 문항 간 내적합치신뢰도(Cronbach's α)는 .78이었고 이 연구에서는 .91로 나타났다.

(2) 자살생각척도

이 연구에서는 Beck, Kovacs와 Weissman(1979)의 자살생각척도(Scale for Suicidal: SSI)를 박광배와 신민섭(1991)이 번안하여 자기보고형 질문지로 수정한 것을 사용하였다. SSI는 총 19문항으로 구성된 3점 척도다. 점수의 범위는 0~38점으로, 점수가 높을수록 자살생각 정도가 높은 것을 의미한다. 박광배와 신민섭(1991)이 보고한 신뢰도 계수(Cronbach's α)는 .87이었으며 이 연구에서는 .80로 나타났다.

(3) 심리적 안녕감 척도

이 연구에서는 Ryff(1989)가 개발한 심리적 안녕감 척도(Psychological Well-Being Scale: PWBS)를 Ryff와 Keyes(1995)가 수정 · 보완하고 김명소, 김혜원과 차경호(2001)가 한국판으로 번안한 것을 박지현(2006)이 청소년에게 적합하도록 수정하였고 이것을 변복희(2010)가 이해도가 낮은 문항 2개를 이해하기 쉽게 자연스러운 표현으로 바꾼 것을 사용하였다. PWBS는 자아수용, 긍정적 대인관계, 자율성, 환경에 대한 지배력, 삶의 목적 및 개인적 성장 등 긍정적인 심리적 기능을 나타내는 6개 하위요인으로 구성되어 있다. 총 45개의 문항으로 Likert식 6점 척도로 이루어져 있으며 최저 45점에서 최고 270점으로 총점이 높을수록 심리적 안녕감이 높음을 의미한다. 박지현(2006)이 보고한 문항 간 내적합치신뢰도(Cronbach's α)는 .79였으며 이후 변복희(2010)의 연구에서는 .89였다. 이 연구에서의 신뢰도 계수는 .92로 나타났다.

3) 치료집단과 비교집단의 구성

치료집단은 이 책에서 제시한 '청소년 자살행동 치료프로그램' 이며 집단상담 방식으로 실시하였다. 한편, 비교집단에는 기존에 자살 예방을 목적으로 사용되고 있는 '생명존중 프로그램' 을 실시하였는데, 이는 삼성생명공익재단 사회정신건강연구소(2006)에서 한국생명의전화 생명존중연구회 회원들이 중심이 되어 개발된 프로그램을 토대로 연구의 목적과 대상에 맞게 재구성한 것이다. 생명존중교육에 중점을 둔 자살 예방프로그램은 청소년들에게 생명의 소중함을 깨닫게 하고 생명존중의식을 함양하며 자살에 대한 올바른 태도를 확립하여 자살을 예방하는 데 그 목적을 두고 있다. '생명존중 프로그램' 은 죽음에 대한 불안과 자살위험성을 경감하고 생명존중의식과 자살태도 측면에서도 긍정적인 변화를 가져오는 것으로 보고되고 있다(김경희, 2008; 송미경, 2012; 심민정, 2007; Ciffone, 1993). 이 연구에서 사용한 '생명존중 프로그램' 의 구체적인 구성 내용은 〈부록 1〉에 제시되어 있다.

4) 집단 간 효과성 비교 방략

'치료집단' (청소년 자살행동 치료프로그램) '비교집단' (생명존중 프로그램) '대기자 통제집단' (아무런 프로그램을 적용하지 않은 집단)간 프로그램 실시 이전, 이후 및 프로그램 종료 한 달 후에 걸쳐서 우울, 자살생각 및 심리적 안녕감 점수에서 유의한 차이가 있었는지를 확인하기 위해 이 연구에서는 '이질통제집단 사전사후검사설계(Nonequivalent Control Group Pretest–posttest Design)' 를 적용하였다. 독립변인은 집단(3: 치료집단/비교집단/통제집단)과 측정시기(3: 사전/사후/추후)이며 종속변인은 우울, 자살생각, 심리적 안녕감이었다.

5) 실시 절차

프로그램 실시를 위하여 2012년 7월 25일부터 8월 20일까지 약 25일간에 걸쳐 프로그램 참여자를 모집하였다. 앞서 언급한 대로 연구대상자는 상반기에 실시한 정서 · 행동 선별검사 중 자살생각(SIQ) 점수가 90점 이상인 학생들로 각종 상담센터에서 검사 및 진료를 받은 학생들은 제외하고 진단이나 치료 받기를 거부한 학생들을 대상으로 각 중·고등학교 전문상담사 및 전문상담교사들에게 이메일을 보내서 연구대상을 모집하였다. 모집한 결과, 3개의 중학교에서 연락이 왔고 D중학교 학생 10명을 치료집단에, H중학교 10명을 비교집단, G중학교 10명을 통제집단에 배정하였다.

치료집단 프로그램은 2012년 9월 4일부터 9월 18일까지 매주 두 번, 한번 모일 때 2회기씩 D중학교에서 10명을 대상으로 이 책의 제1저자가 직접 집단을 구성하여 위 클래스 내 집단상담실에서 실시하였고, 비교집단은 H중학교에서 10명을 대상으로 생명존중교육 프로그램 실시 자격이 있는 전문상담사가 위 클래스 내 집단상담실에서 실시하였다. 치료집단과 비교집단 프로그램은 각각 총 10회기로 한 회기당 45분으로 진행하였다. 프로그램의 각 회기 종료 후에는 양적 분석의 한계를 보완하기 위하여 참여자들로 하여금 회기별 경험보고서를 작성하게 하였다. 세 집단(치료집단, 비교집단, 통제집단) 모두 집단 실시 사전, 사후에 종속변인(우울, 자살생각, 심리적 안녕감) 점수를 질문지를 사용하여 측정하였으며 아울러 프로그램 효과의 지속성을 확인하기 위해 프로그램 종결 한 달 후에 다시 한 번 종속변인 점수를 측정하는 추후검사를 실시하였다.

2. 효과성 평가 결과

1) 양적 분석 결과

치료집단(본 청소년 자살행동 치료프로그램), 비교집단(생명존중 프로그램), 통제집단(아무런 프로그램을 실시하지 않은 집단) 간 프로그램 실시 사전, 사후, 그리고 한 달 후 추후검사에서 우울, 자살생각, 심리적 안녕감 점수에 유의한 차이가 있는지 통계적으로 확인하기 위해서 혼합설계변량분석(Mixed ANOVA)을 실시하였고 상호작용이 유의하였을 경우에는 사후검증(LSD)을 실시하였다. 통계적인 결과의 세부 내용은 〈부록 2〉와 〈부록 3〉에 제시하였으니 참고하기 바란다. 여기에서는 주요 분석 결과를 중심으로 기술하기로 한다.

(1) 치료집단(청소년 자살행동 치료프로그램)이 비교집단(생명존중 프로그램)과 통제집단에 비해 전반적으로 우울 점수가 유의하게 감소한 것으로 나타났다([그림 5-1]).

먼저 치료집단의 효과를 구체적으로 살펴보면, 우울 점수(특히 '수행 어려움'과 '부정적 생각' 점수)에서 사전-사후-추후검사 시기를 거치면서 유의하게 감소하였다.

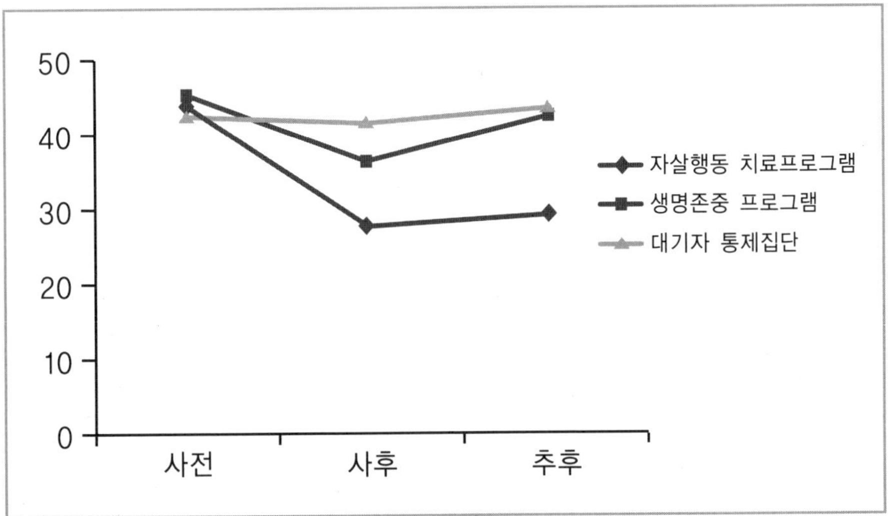

그림 5-1 우울 사전-사후-추후 점수 변화

아울러 세 집단 간 우울의 하위요인별(수행 어려움, 부정적 생각, 신체적 요소)로 사후와 추후검사 점수의 차이를 살펴보면, '수행 어려움' 점수의 사후검사와 추후검사에서 치료집단이 비교집단과 통제집단 양자 모두에 비해 유의한 감소 효과가 있는 것으로 나타났다. '부정적 생각' 의 경우 사후검사와 추후검사에서 치료집단이 통제집단에 비해 유의한 감소 효과가 있는 것으로 나타났다. 반면, 신체적 요소의 경우에는 치료집단에서 검사 시기의 진행(사전-사후-추후검사)에 따른 유의한 변화가 나타나지 않았다.

우울은 자살행동을 예측하는 중요한 요인이며, 우울은 청소년 자살생각에 가장 강력한 영향을 미치는 위험요인[1]이므로 우울에 대한 개입은 자살 예방을 위해 무엇보다 중요하다. 따라서 이 책에서 제시한 청소년 자살행동 치료프로그램이 비교집단(생명존중 프로그램)이나 통제집단에 비해 프로그램 실시의 사전-사후 비교에서 그리고 한 달 후 추후검사에서 우울의 여러 측면에서 우월한 우울감소 효과를 보인 것은 자살 예방의 측면에서 치료프로그램의 우월성을 확인하는 중요한 결과다.

지금까지의 자살 예방프로그램은 인지행동적 접근이 대부분이었고 이 연구에서의 비교집단(생명존중 프로그램) 역시 우울감을 낮추기 위해 우울한 감정을 이해하고 우울한 감정 대처법을 알아보는 활동 등을 포함하고 있다. 그러나 이러한 인지치료적 접근방법은 우울 경험이 언제 발생하고, 왜 일어나는지에 대한 근본적인 접근이 아니라 사고과정을 통해 인지적으로 이해를 한 후 그 대처법을 알아보는 것으로 결과 위주의 접근이 이루어지는 것이다.

이에 반해 이 책에서 제시한 '청소년 자살행동 치료프로그램' 에서는 자살생각이나 시도를 한 과거경험에 대한 조망을 통해 자신을 이해하고 수용하게 하였으며 미래에 대한 낙관성을 높여 희망수준을 높였다는 점에서 여타의 인지치료적인 접근과는 분명한 차별성이 있음에 주목할 필요가 있다. 이 프로그램에서는 참여학생들이 자신을 우울하게 하는 부정적인 경험들이 무엇인지 알고 그것이 자신에게 어떤 감정을 일으키는지 탐색하여, 평소 자신이 가지고 있는 자신에 대한 부정

---

1 박병금(2007); 신민섭(1993); 홍영수(2004)

적인 상과 생각을 표현하도록 격려했으며 또한 다른 참여자들로부터 긍정적인 피드백을 받으면서 자신의 다양한 강점과 가치를 알아냄과 동시에 긍정적인 상으로 변화하는 경험을 하였을 뿐 아니라 이러한 경험을 일상생활에서 실제로 적용해 볼 수 있도록 하였다. 즉, 시간조망을 통한 자기이해를 바탕으로 우울이 생기는 원인을 알고 현재 자신의 긍정성을 알아보고 미래 희망수준을 상승시켜 우울을 감소시키는 내용으로 구성된 자살행동 치료프로그램은 우울을 낮추는 데 효과가 있으며 그 효과는 한 달 후 추후검사에도 지속되고 있다는 점이 중요하다.

(2) **치료집단**(청소년 자살행동 치료프로그램)**이 비교집단**(생명존중 프로그램) **과 통제집단에 비해 전반적으로 자살생각 감소에서 우월한 효과가 있는 것으로 나타났다**([그림 5-2]).

구체적으로 치료집단의 경우 자살생각 점수에서 사전검사에 비해 사후나 추후검사의 자살생각 점수가 통계적으로 유의하게 낮아졌고, 사후와 추후의 집단 간 차이를 살펴보면 사후검사에서는 통제집단에 비해 치료집단에서 감소 효과가 있는 것으로 나타났으며, 추후검사에서는 치료집단이 비교집단에 비해 유의하게 낮은 점수를 보이는 것으로 나타났다.

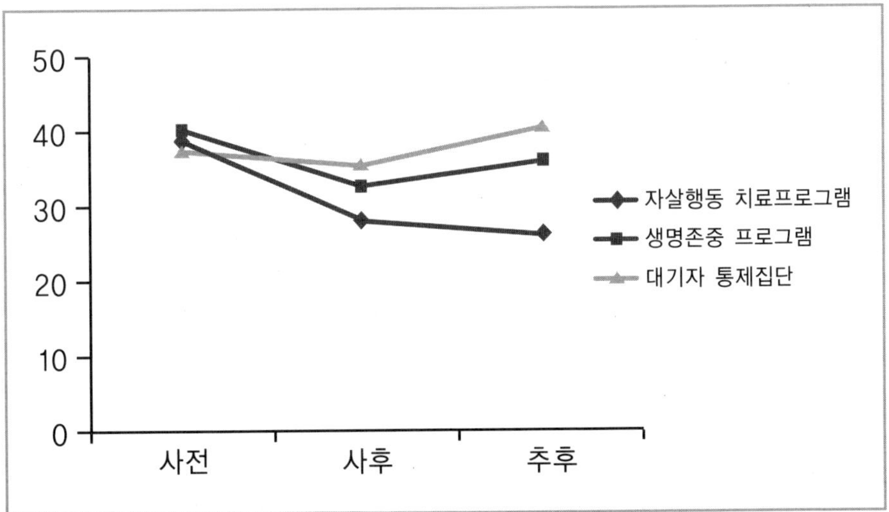

그림 5-2 자살생각 사전-사후-추후 점수 변화

비교집단에 비해 치료집단에서 나타난 우월한 '자살생각 감소 효과' 는 집단 참여 학생으로 하여금 자살을 직접적으로 자신의 경험으로 인식하도록 하여 무엇 때문에 자신이 이렇게 힘들고 그럼에도 무엇 때문에 자신이 삶을 유지하고 있는지에 대한 이유와 심층적인 감정을 이해하도록 돕는다. 아울러 집단 브레인스토밍 활동을 통해 자살행동에 대한 이득과 손해를 직접적으로 다루며 여러 회기에 걸쳐 대안탐색 활동을 하고, 문제 대처를 정서중심이나 회피에서 벗어나 해결중심으로 바꿀 수 있도록 도와주었다는 점에 근거한다. 즉, 비교집단이었던 '생명존중 프로그램' 에서 참여자로 하여금 한발 떨어져서 제3자의 입장에서 간접적으로 자살을 살펴보는 것보다는 '청소년 자살행동 치료프로그램' 에서처럼 참여자로 하여금 자살을 직접적인 '자신' 의 문제로 다루어 보는 것이 그들의 자살생각을 낮추는 데에 보다 효과적이다.

또한 자살행동 위험이 높은 사람들은 인지적 경직성 때문에 자신의 처지가 가장 불행하고 그 상황에서 벗어날 수 없다는 신념을 갖고 있는 경우가 많다.[2] 이에 따라 이 치료프로그램은 참가자들이 자신과 비슷한 경험을 가진 또래 집단원들을 통해 자신만이 불행한 것이 아니라는 것과 심지어 자신은 행복하다는 것을 깨닫는 등 자신의 문제를 객관화해서 볼 수 있는 계기를 제공하였다는 점도 주목할 필요가 있다. 이것은 다른 사람들도 자신과 유사하거나 어쩌면 더 심각한 문제를 겪고 있다는 사실을 알게 됨으로써 동질감과 위안을 받았기 때문에 집단치료가 개인치료보다 효과적일 수 있다는 점과 맥을 같이한다. 그리고 자살생각의 원인, 자살생각의 이득과 손해에 대한 서로의 의견들을 브레인스토밍을 통해 알아봄으로써 자살생각이 과연 자신에게 이득이 되는 것인지와 자살이 자기에게 유일한 해결책인지를 살펴보는 활동을 한 점도 중요하다. 더욱이 자살위기가 닥쳤을 때 자신에게 실행 가능한 대안활동 등을 다양하게 탐색해 보면서 적절한 대처방법은

---

2 Beck(1976)

무엇인지 생각해 볼 수 있게 되어 전반적으로 자살생각의 감소를 가져올 수 있었다고 할 수 있다.

(3) 치료집단(청소년 자살행동 치료프로그램)이 비교집단(생명존중 프로그램)과 통제집단에 비해 전반적으로 심리적 안녕감의 증진에서 우월한 효과가 있는 것으로 나타났다([그림 5-3]).

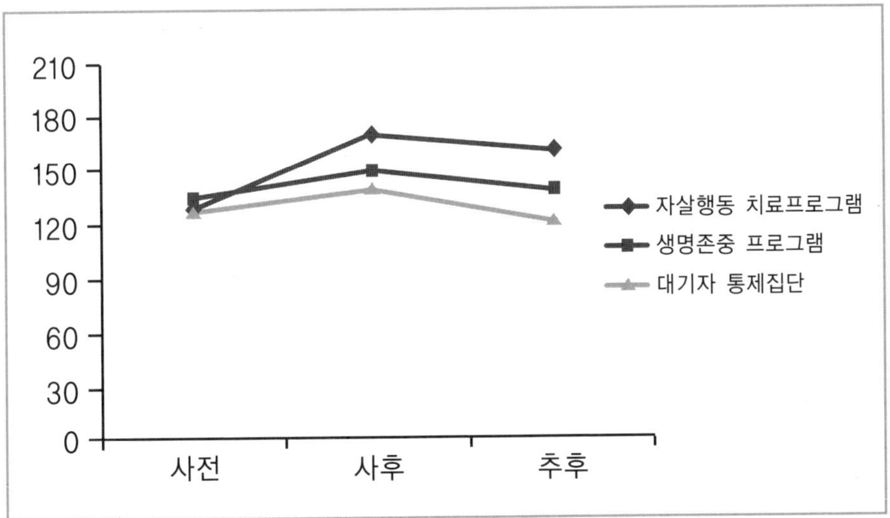

그림 5-3 심리적 안녕감 사전-사후-추후 점수 변화

청소년 자살행동 치료프로그램을 실시한 치료집단의 효과를 구체적으로 살펴보면, 심리적 안녕감의 하위영역 중 '자아수용' '환경에 대한 지배력' 및 '삶의 목적'에서 검사 시기(사전-사후-추후) 간에 통계적으로 유의하게 점수가 향상되었다.

또한 사후검사와 추후검사에서 집단 간 차이를 살펴보면, '자아수용' 과 '환경에 대한 지배력' 의 경우 사후검사와 추후검사에서 통제집단에 비해 치료집단에서 우월한 효과가 나타났고, '삶의 목적' 과 '개인적 성장' 의 사후검사에서는 치료집단이 비교집단과 통제집단 양자 모두에 비해 증진 효과가 있었으며, 추후검사 단독에서는 실험집단이 통제집단에 비해 뚜렷한 효과가 있는 것으로 나타났다. 다만, 심리적 안녕감의 하위요인 중 '대인관계' '자율성' 및 '개인적 성장'은 자살행동 치료프로그램을 실시한 치료집단에서 검사 시기에 따라 유의한 차이가 나타나지 않았다. 즉, 치료집단의 사후검사와 추후검사가 사전검사에 비해 점수가 유의하게 높아지지 않은 것으로 나타났다. 그러나 전체적인 효과성으로 따져 보았을 때, 이 책에서 제시한 청소년 자살행동 치료프로그램이 심리적 안녕감 증진에 효과적이었고 그 효과는 한 달 후의 추후검사에서도 지속되고 있음을 보여 주었다.

청소년 자살행동 치료프로그램의 이러한 우울한 효과성은 다음과 같은 측면에서 이해될 수 있다. 이 치료프로그램에서는 문제 상황에서 주변에 얘기하지 않고 전전긍긍하면서 혼자서 울며 감정을 달래는 방식으로 대처하는 모습을 보이는 자살행동 청소년들에게 문제를 정의하고 그 문제를 어떻게 대처하고 의사소통할 수 있는지에 대한 활동과 경험을 통해 적극적으로 문제에 대처하도록 격려하였다. 또한 혼자서 감당하는 것이 아니라 주변 사람들과 상호작용했을 때 어떤 느낌이 들고 어떻게 요청하면 되는지를 경험해 봄으로써 같은 상황이 되었을 때 주변 사람들에게 도움을 요청할 수 있도록 연습하였다. 아울러 현재 자신의 모습에 대해서 재조명하고 그 모습 중 부정적 상에 대해서 부정감정 던지기, 긍정 피드백하기, 강점 찾기, 미래 모습 그리기, 소중한 가치 탐색, 낙관성 높이기 활동 등을 통해 긍정적으로 인식할 수 있도록 했으며 현재의 모습에 감사하는 활동을 통해 감사하는 마음을 가질 수 있도록 하였다.

주지하다시피 문제중심적 대처와 사회적 지지 추구를 많이 하는 사람일수록 행복감을 더 높게 느끼고,[3] 평소에 감사를 더 많이 느끼는 사람들은 삶에 대한 만족이 높고 낙관적이었으며 우울감과 스트레스는 낮았다[4]는 보고가 있다. 이러한 결

3 정윤선(1993)

4 McCullough, Emmons, & Tsang(2002)

과는 문제 상황에서 정서적 처리가 일시적인 마음의 안정을 가져올 수는 있지만 언제든지 다시 스트레스의 원인으로 떠오르게 되어 안녕감을 위협할 수 있기 때문에 주변 사람들의 도움을 받거나 자신이 적극적으로 해결책을 모색하는 것이 안정적인 안녕감을 얻는 좋은 방법이 된다는 것을 보여 주는 결과[5]와 일관적이다.

2) 청소년 자살행동 치료프로그램 각 회기별 내용 분석 결과

다음 내용들은 총 10회기에 걸쳐서 시행된 청소년 자살행동 치료프로그램을 시행한 후 각 회기에 대해 10명의 참여자들에게 경험보고서(소감문)를 쓰게 한 후 이를 종합, 요약한 것이다.

(1) 1회기 주요 내용 및 소감문 분석 결과

1회기의 주목표는 프로그램의 목적을 알리고, 치료자와 집단원 간의 친밀감을 형성하는 것이었다. 이를 위해 쉽고 재미있는 형식의 007게임을 실시하였고, 이 활동을 통해 집단원들은 소통에 대한 답답함과 동시에 표현에 대한 중요성을 체험할 수 있었다. 집단원들은 이 과정에서 협동심을 깨닫게 되었으며, 자신에게 주어진 역할에 따른 업무를 수행함으로써 자신감을 얻고 뿌듯함을 느끼는 기회가 되었다.

이 과정에서 변화에 대한 확신 정도를 점수로 표시하도록 했을 때 집단원들은 처음에는 변화할 마음이 없었지만 점차 변화를 통해 행복하게 살아야겠다는 생각을 하게 되는 모습을 보였다. 구체적으로 점수를 부여하는 척도 방식을 활용함으로써 집단원들은 직접 눈으로 보고, 손으로 확인하고, 시간이 지나면서 변화된 정도를 알게 되고 자신의 변화를 알아차림으로써 자신감을 갖게 되었다.

---

5 변복희(2010)

별칭과 참여규칙을 정하는 부분에서 처음에는 별칭을 지을 것이 없다거나 생각이 나지 않는다는 반응을 보이거나 별 상관이 없다는 식의 무관심한 태도를 보였다. 참여규칙을 정하는 과정에서 자신이 집단을 통해 얻고자 하는 참여 목표를 정하도록 했을 때, 집단원들은 더 행복해지는 것, 자신감을 갖는 것, 지금보다 더 나아지는 것 등 현재 자신의 모습이 변화되기를 원하는 목표들을 제시하였다.

〈표 5-1〉 1회기 경험보고서 내용

주제	내 용
007게임 (집단 체험)	• 게임할 때 친구가 잘 설명해 주는데 이해가 안 되서 힘들었는데, 친구가 딱딱딱 얘기해 줘서 그대로 그랬는데 마지막 그림이 일치하니까 신기했다. 처음에 잘 설명해 주는데 못 그리는 것 같아 미안했다. 마지막에 보니까 뿌듯했다. 협동심에 문제가 있었다면 내가 도움이 될 수 있을 것 같은데…… 나는 그런데 문제가 없어서…… 잘됐다. • 답답했다. 이것을 표현하는 것이 중요하다고 생각한다. 나 말고 다른 사람도 이런 거 하면 답답하다는 것을 알았다. • 그림이 기억나는데 그리는 애가 아무것도 모르니까 기분이 많이 답답하고 어려웠는데 이렇게 생활하고 생각하면 힘들겠다는 것을 느꼈다. • 처음에 말을 안 듣다가 이제 말을 들어 주니까…… 말하는 걸 잘 들어야겠다. 들어줘야겠다는 것을 알았다.
행복 지수 및 변화에 대한 확신	• 맨 처음에 집단상담할 때 하는 게 무지 귀찮고 이런 거 해 봐야 달라질 것이 없는데…… 뭣 때문에 하는지 몰랐는데…… 하고 나니까 무지 재미있고 자신감이 붙었다. • 자살생각을 줄여야겠다는 생각을 못했는데, 이 프로그램을 통해 자살행동이 문제가 있다고 생각하고 이 생각을 줄이는 데 도움이 되었다. 긍정적으로 생각하는 게 좋은 거 같고 자살생각이나 마음을 없애야겠다는 생각이 들었다. 변화시킬 마음이 없었는데 변화시켜서 행복하게 살아야겠다는 생각을 했다. • 집단 시작 전에 변하고 싶다는 의지가 엄청 높았다. • 일상생활에서는 이 세상에 내 편이 아무도 없을 것 같을 때는 의지가 없어진다.
우리들의 약속	• 목표는 이 활동을 해 가지고 자신감을 얻는 것이었는데…… 별칭은 이름을 쓰는 것이 편해서요. • 참여목표는 더 행복해지는 것으로 했다. • 목표는 열등감 없애는 거다. • 목표를 많은 사람들과 소통하는 것…… 여기에 온 거는 자살 때문에 온 거라서 생각이 비슷할 거 같으니까 다른 사람 생각도 들어 보고 싶어서 그렇게 목표를 잡았다.

(2) 2회기 주요 내용 및 소감문 분석 결과

2회기부터는 2단계로 바라보기 단계에 해당되며, 변화에 대한 의지를 동기화하는 데 목표를 두었다. 이를 위해 집단원들이 자신의 상황에 대한 이해와 문제에 대해 인식하고, 미래에 대한 꿈을 꾸기 위해 현재 자신이 바꾸어야 할 사고와 행동을 찾아본 후, 자살생각에 대한 구체적인 대안을 탐색하도록 하였다.

집단원들은 2회기에서 자신과 환경 및 상황에 대한 이해를 하고 자살문제에 대한 인식을 명료화하는 모습을 보였다. 먼저 자신이 당면한 문제에 대한 인식을 증진하기 위해 각자가 자신을 힘들게 하는 것들이 무엇인지 찾아보도록 하였는데, 특기할 만한 것은 집단원들이 막연히 힘들다는 생각을 하면서 죽고 싶다는 생각을 하는 자신의 모습을 알아차렸다는 것이다. 즉, 죽고 싶다는 생각이 들긴 했는데 구체적으로 무엇 때문에 이렇게 힘든지 생각해 본 적이 없었다는 것이다. 이 활동을 통해 집단원들은 자신이 왜 힘든지 알아차리게 되니까 정리가 되면서 명료해지고, 문제를 알고 나니 해결방법에 접근하기 쉬워져 일차적으로 답답함에서 뻥 뚫린 해방감을 느꼈고 자기만 힘든 것이 아니라는 사실을 알게 된 것 자체로 위로받았고 기분이 가벼워짐을 느꼈다고 언급하였다.

이어서 집단원들은 자신을 살아갈 수 있게 하는 것들을 찾는 활동을 통해서 현재 자신을 생각해 주는 사람 때문에 살 가치가 있음을 인식하였으며, 이들을 위해서도 죽으면 안 되겠구나 하는 생각을 하게 되었다고 보고하였다. 그리고 예전에는 자신이 싫어하고, 자신을 힘들게 하는 것밖에 없다는 생각만 했었는데, 자신보다 더 힘든 학생들이 있음을 알게 되면서 자신은 상대적으로 행복한 사람이라는 것을 새로이 인식하게 되었다. 또한 구체적인 예를 찾는 과정에서 한두 개 정도밖에 없을 것 같았는데 체크해 보니 생각보다 많아서 기분이 한결 좋아지는 경험을 했고 앞으로 더 열심히 살아야겠다는 다짐을 하게 되었다는 소감을 나타냈다. 더불어 집단원들이 자신과 같은 처지임을 확인하게 되어 그들에 대한 경계심을 허물고 소속감이 향상되었음을 보고하였다.

〈표 5-2〉 2회기 경험보고서 내용

주제	내 용
나를 힘들게 하는 것들~	• 놀림, 학교에서 적응, 성적이었다. • 친구문제, 지나친 관심과 기대, 엄마 아빠 사이 갈등 • 이런 것 때문에 힘들고 죽고 싶다는 것을 알게 되었는데 그땐 좀 그랬고 알고 나니까 평소에 힘들다 생각하다가 뭐가 힘든지 체크하고 나니까 그냥 더 해결하는 것에 가까워진 것 같아요. • 친구관계, 부모의 지나친 기대와 간섭이라고 썼는데 예전에는 이렇게 깊게 생각하지 못했는데 이렇게 이유를 짚어 보니까 내가 이렇게 이런 감정을 느끼는구나라고 명확하게 알게 됐다. • 사람들이 힘든 게 있으니까 사람들도 나를 화풀이 상대로 나를 힘들게 하는 것 같다. 예전에는 죽고 싶다는 생각이 들었긴 한데 하나 꼭 집어서 힘든 게 뭔지는 몰랐는데 이런 활동을 통해서 내가 왜 힘든지 아니까 그런 생각이 줄어드는 것 같았다. • 그때 잘 찾아졌어요…… 열등감 했을 때는 무가치함. 가정에서 갈등은 주위에 아무도 없는 느낌. 혼자 감당해야 하는 것 같은……
나를 살게 하는 것들~	• 엄마, 친구, 죽음에 대한 두려움이라고 썼는데 내 주위에 사람들을 위해서라도 죽으면 안 되겠구나 하는 생각이 들었다. • 그리고 앞에 나를 힘들게 하는 것이 신경이 덜 쓰이게 되었다. • 다른 사람들이 하는 것을 보니까 나만 힘든 게 아니구나…… • 동생, 친구, 아빠…… 알고 나니…… 죽어서 행복할 것도 없구나…… 지금이라도 애들도 있고…… 많이 있으니까 지금도 행복하구나…… 활동을 하고 나서 알고 나니까 이런 애들이 나에게 있었구나…… 마음이 편해졌다. • 종이에 붙여 놓은 걸 보니까 나보다 힘든 애들도 많은데 나는 더 행복해도 되겠다라는 생각을 함. 관점이 나보다 행복한 애들을 보았는데 이번 활동을 하면서 나보다 불행한 애들이 많다는 것을 알게 돼서 나도 행복한 것들이 많다…… 행복해져야 되겠다는 생각을 했다. • 이 회기를 하고 나서 내가 구체적으로 문제를 해결할 수 있을 것 같다는 생각이 들었다. • 미래의 꿈. 부모님, 가족이 저를 살게 하는 것 같아요. 엄마 아빠하고 미래 생각하면 그러면 안 되겠다는 생각도 들었고 지금 죽으면 너무 아깝다…… 그런 생각도 많이 하고…… • 아이들과 나눌 때 처음에는 애들 다 보는데 내 것을 앞에 붙인다니까 민망하고 부끄러웠는데 다른 아이들이 쓰고 붙이는 거 보고 저도 붙였어요…… '아 애들은 이런 것에 의식하지 않구나.' 생각해서 저도 붙이고 그랬어요.

	• 나눌 때 애들이랑 비슷한 것도 있고 똑같은 것도 있고…… 다른 것도 있으니까 아 이런 점이 다르구나…… 얘네들은 뭐 때문에 힘들었는데 나는 이런 느낌이었는데 쟤네들은 다른 걸 느꼈구나…… 그런 걸 느꼈어요.

(3) 3회기 주요 내용 및 소감문 분석 결과

3회기에서는 집단원들이 자신의 자살생각 및 시도에 대한 득과 실을 탐색하여, 자살행동에 대한 대안을 찾아보는 활동을 하였다. 집단원들은 이러한 분류작업을 통해서 이득은 순간적이며, 순간의 모면을 위한 선택들이 많았으며, 손해는 처음엔 작다가 점점 안 좋은 상황 쪽으로 갈 수 있음을 알아차렸다고 서술하였다. 또한 이 활동을 통해 집단원들은 자신이 '죽으려는 생각을 왜 한 거지?' 라는 딜레마에 빠지면서 자살행동이 마음 편해지는 좋은 대안이 아니라는 생각이 들었다고 언급하였다.

이어서 집단원들은 자살행동에 대한 여러 가지 대안활동을 살펴본 후, 자살을 생각하지 말고 대안활동으로 감정을 풀어야겠다고 보고하였으며, 한발 더 나아가 어렵지 않아 할 수 있겠다는 의지를 표현하였다.

〈표 5-3〉 3회기 경험보고서 내용

주제	내 용
자살 생각에 대한 득실 따져 보기	• 나중에 찾아보니까 이득보다 손해가 더 많은 것 같다. • '내가 죽으려는 생각을 왜 했지? 하지 말아야겠다.' 는 생각을 했다.. • 솔직히 이거 할 때는 이해를 못했는데…… 답답했는데…… 끝나고 나서…… 다 쓰고 나니까 물론 살아가면서 손해가 있지만 손해를 보면서 잠시나마 자살하려는 생각이 줄었다. 나한테 손해가 많으니까…… • 칠판에 적어 놓은 걸 보니까 이득보다 손해 보는 게 많으니까 그런 생각하면 안 되겠구나. • 이득은 복잡하지 않는 것…… 그것만 생각하게 되고 걱정이 없어지게 되는 것……

	• 칠판에 전체를 보니까 저는 이런 것만 힘들 줄 알았는데 애들이 다른 것도 말해 주니까 아 저런 것도 있구나…… 저런 게 이득도 있고 손해도 있고 하니까 안 해야겠다고 생각했다. 손해가 더 크다. • 예전에는 힘들면 내 목숨인데 하고 바로 죽고 싶다고 생각했다.
대안 찾기	• 잠을 좋아해서 잠자기를 선택했다. 학원 가기 싫으면 잠을 잠깐 잔다. • 자살하겠다고 생각이 들 때, 예를 들어 애들이 놀리면 자신감 있게 받아치고 성적은 저도 노력을 안 했는데 기대할 수 없으니까 노력해야겠고 편안하다는 것은 꼭 자살해야지 편안해지는 것은 아니라는 생각이 들었다. • 음악 듣는 것, 좋아하는 것 사기를 선택했고 해 볼 수 있을 것 같다. • 내가 힘들 때 뭔가 해결할 수 있다는 게 좀 안심도 되고…… 그리고 좋아하는 거 사기에서 그거 선택한 것도 내가 좋아하는 게 있다는 거다. 그게 내가 생활하는 게 아무 의미 없고 그런 건 아니구나…… 하는 생각도 들고요 • 자살생각 하지 말고 이런 대안활동으로 화를 풀어야겠구나. 어렵지 않고 할 수 있겠다는 생각이 들었다. • 자신을 매력적으로 가꾸기 • 저는 아무도 없을 때 방에 들어가서 엉엉 울기도 했어요. 대안목록을 보니까 대안들이 제가 생각한 것보다 많은 거예요…… 그래서 이제는 만약에 내가 힘들 때 다른 게 있으니까 그걸 보고 다른 걸로도 풀 수 있겠구나 하고 생각했다.

(4) 4회기 주요 내용 및 소감문 분석 결과

4회기에서 현재 자신의 행동과 미래 꿈꾸는 모습과의 차이를 극대화함으로써 현재 행동이나 사고를 바꿀 수 있도록 구성하였다. 미래에 자신이 원하는 모습을 그림이나 콜라주를 통해 표현하도록 하였을 때, 상상하는 것에 대한 즐거움, 신체를 움직이며 운동하는 것에 대한 만족감을 보였다. 또한 자신이 원하는 꿈을 찾게 되었으며, 희망을 찾게 되었다고 보고하였다. 그리고 이 꿈을 이룰 때까지 노력해야 함을 인식하면서 현재 자신이 보이는 모습은 미래의 모습과 많이 다름을 발견하였다고 언급하였다. 그리고 현재 자신의 모습을 보면 짜증이 나는데, 그러는 자신이 불쌍해서 미래에는 원하는 모습을 꼭 이루고 말겠다고 하는 집단원도 있었다.

이렇게 그림이나 콜라주를 통해 자신의 미래를 꿈꾸고, 현재의 모습을 비교해 보면서 자신에 대한 연민과 미래에 대한 노력에 대한 의지가 높아진 회기였다고 보고하였다.

〈표 5-4〉 4회기 경험보고서 내용

주제	내 용
되고 싶은 미래의 나	• 해외투어 여행하는 것 그렸다…… 꿈이 없었는데 집단 하면서 막 고민하다가 이것을 선택했는데 딱 마음에 들었어요. • 바닷가 가서 친구랑 손 잡고 가는 그림 • 꿈을 위해서 노력해야지…… 꿈이 군인인데 군인은 명령을 하면 따르고 군기가 있고 쿨하다. • 장래희망을 그렸는데…… 미래에 가서 동물사육사가 되면 자살생각이 안 들 것 같아서 조금씩 희망을 가지고 있다. • 제가 잘하는 걸 남한테 가르쳐 주는 것을 하고 싶다. • 내가 원하는 모습을 하면 뿌듯할 거 같다. 내가 원하는 모습이 있는 것을 알고 나니까 제가 만약에 죽게 된다면 커서 하고 싶은 걸 못하는 게 안타까울 거 같으니까 커서 내가 할 수 있다고 생각하니까 죽는다 생각하지 말고 더 열심히 해야겠구나……
지금의 나	• 평소 눈치 보는 행동을 많이 하는데 다른 사람이 나를 어떻게 볼지, 나를 이상하게 볼까 봐 하지 못하는 내 모습이 답답했다…… • 지금 심정은 내가 그런 모습이 있다는 것을 예전에 알았더라면…… 내가 왜 그렇게 답답하게 보냈다는 것을 아니까 이제부터 바꿔어야겠다는 생각이 들었다. • 미래의 원하는 모습은 자유롭고 편하게 묶이는 거 없이 편하게 다니고 싶은데 지금은 학교나 학원시험에 다 묶여 있고 내가 하고 싶은 대로 못하고 있어서 힘들었다. • 이번 활동을 통해서 그냥 처음에는 내가 미래에 뭘 하고 싶은지 생각해 본 적도 없고 항상 바쁘게 다녔었는데 내가 원하는 모습이 있기는 있구나 싶고 그것 보다가 현재 모습 보면 짜증도 나고 원하는 대로 못 사니까 스스로 불쌍하고 안됐기도 하고 꼭 미래에 내가 원하는 모습을 이루고 싶다는 마음이 들었어요. • 꿈이 군인인데 학교나 가정에서 강하게 살지 못하고 애들이랑 친해지고 관계에서 잘못하면 뭐라 하고 그렇게 하지 못하고 비굴하게 관계에 집착하고 말도 잘 안 하고 의기소침해 있고 지들이 뭘 하든 신경 안 쓰는 척하면 은근히 신경 많이 쓰고 있다는 것을 알았다. • 집에서 그렇지 않고 있는 내 모습을 보니까 아 내가 많이 다르구나…… 이렇게 하면 커서 이루는 데 지장이 있겠구나 싶어서 이제 고쳐야지…… 엄마가 물어보면 화 안 내고 잘 대답해야지…… 생각했다.

(5) 5회기 주요 내용 및 소감문 분석 결과

5회기부터는 3단계로 알아내기 단계에 해당되며, 내적인 자원을 찾는 데 그 목표를 두었다. 이를 위해 집단원들이 자신의 감정 분출과 긍정적인 댓글 주고받기를 함으로써 긍정 정서를 체험할 수 있도록 구성하였다.

집단원들은 5회기에서 자신의 부정적인 감정을 찾아서 신문지에 적은 후 찢어 버리는 활동을 통해 화가 분출되어 속 시원하게 되는 경험을 하였다고 보고하였다. 한편, 부정적 사건과 그에 따른 감정을 찾은 후 집단원이 서로에게 긍정 댓글을 달아 주는 시간을 통해, 다른 집단원들의 피드백이 수긍이 가고 위로받았다고 언급하였다. 또한 후련한 느낌이 있었다고 보고하였는데, 이는 말 못하고 속에 담

〈표 5-5〉 5회기 경험보고서 내용

주제	내 용
나에 대한 부정 감정 던지기	• 처음 보는 사람들이 나를 토닥여 주고 위로해 주니까 좋았다. • 이번에 하면서 그런 거를 날려 버린다는 생각으로 해서 마음이 후련하기도 했던 거 같고 그렇다고 일이 해결된 거는 아니지만 뭔가 마음이 편해져서 어떤 일이 생겼을 때 그거를 해결할 힘이 생긴 것 같다. • 신문지에 미안하다 사과하는 마음을 적고 찢어 버리니까 찢어 넣고 보니까 다시 화해해 볼까…… 다시 친해질 수 있을까라는 생각이 들고, 찢고 난 다음에는 미래를 생각하니까 아 가능하겠다고 생각됐다. • 자신에 대해 한심하다는 생각을 많이 했다. 열등감 때문에…… 제가 잘난 게 없으니까 한심해 보였다. 그런데 이 활동을 통해 속에 있는 마음을 청산하는 거다. 찢으니까 진짜 찢어지는 것 같고 던지니까 진짜 쑥 내려가는 것 같아서 기분이 좋았다. 많이 후련했다. • 우울하다. 속상하다는 감정을 자주 느낀다. 신문지에 할 때 이렇게 한다고 해결될까 생각했는데 쓰고 나서 다 찢고 던지니까 진짜 개운하고 이렇게 하면 정말 빨리 풀 수 있겠구나……
긍정 비행기 날리기	• 이 활동이 제일 재미있었어요…… 제 문제보다 심각한 면이 있었던 사람들에게 긍정적으로 '신경 쓸 필요 없다' 고 적어 주면서 그 사람이 감동이라나…… 내가 적은 글을 쓸데없는 말로 안 받아들여 줬으면 좋겠다는 생각을 했다. • 남들에게 위로해 준다는 생각이 드니까 뿌듯하고 좋았고 재밌었다. • 제가 생각했던 방법들이 다였다고 생각했는데 또 이런저런 방법들이 있어서 포기

하지 말고 열심히 해 봐야겠다는 생각이 들었다.
- 활동 때문에 그런 거였을 수도 있지만 그래도 제 고민을 보고 해결해 주고 싶다는 마음을 가지고 적어 준 것이라서 되게 힘이 된 것 같다.
- 남의 이야기지만 저에게도 도움이 되었다. 쓰면서는 이 사람이 이런 도움을 받았으면 좋겠다는 바람이 있었고 저한테 써 준 내용을 보니까 글이 많이 적혀 있으니까 마음이 뿌듯하고 다들 이렇게 열심히 적어 줘서 고맙고 비행기를 날리니까 재밌고 기분도 확 풀어지고⋯⋯ 여러모로 좋았다.
- 이렇게 내 마음을 이해해 주는 사람이 있구나 하고 생각되어 행복했다.
- 친구들 거 써 주면서는 내가 그냥 한 말이 다른 사람에게 도움이 되고 용기 북돋아 줄 수 있다고 생각하니 자랑스러웠다.
- 애들이 적어 준 것 보니까 저를 생각해 주는 사람이 많은 것 같고 사랑 받는 거 같았다⋯⋯ 기분이 좋았고 좀 부족함을 채워지는 것 같은⋯⋯ 아 사랑 받는 게 이런 거구나⋯⋯하는 느낌 들었다.
- 표정관리 안 된다고 비행기에 썼는데⋯⋯ 처음에 제 꺼를 받았을 때 얘네들이 이런 안 좋은 점에 대해 이렇게 하면 되겠구나 써 줘서 고마웠고, 이렇게 하면 바뀔까⋯⋯

아 둔 이야기나 감정을 적었고 이것에 대한 긍정적인 피드백을 받았기 때문이며, 마음의 짐이 줄어든 것 같다고 언급하였다.

(6) 6회기 주요 내용 및 소감문 분석 결과

6회기는 자신의 강점을 찾아보고 그 강점을 바탕으로 자살행동에 대한 자신만의 대안을 탐색하도록 하였다. 실제로 집단원들은 강점보다는 단점을 많이 알고 있었고, 강점에 대해 한번도 생각해 본 적이 없는 집단원도 있었다. 그러나 6회기 활동을 통해 자신의 강점을 찾아 명확하게 인식하는 계기가 되었고 이러한 강점을 활용해서 과거에 힘든 일을 이겨 냈던 것을 기억해 냄으로써 힘을 내고 살아왔던 것을 깨닫는 기회가 되었다고 보고하였다. 이 활동을 통해 집단원들은 자신감이 생기는 경험을 했고, 성공경험에 대해 또 다른 도전과 경험을 시도해 보고 싶다고 언급하였다.

〈표 5-6〉 6회기 경험보고서 내용

주제	내 용
나의 강점 찾기	• 강점으로 지조가 나왔다. 나한테 강점이 없는 줄 알았고 나한테 강점이 없다고 생각했는데 나한테 조금이라도 긍정적인 면이 보였다. • 예전에는 강점에 대해서 생각 못했었다. 이번 활동으로 나온 저의 강점은 학구열, 감사가 나왔다. • 기분이 나쁘진 않았다. 이런 성격으로 변해야 되겠다. 실제로 생활에서도 이렇게 하면 좋을 것 같다. • 저의 강점은 창의력인데…… 가정불화는 일반적인 생각으로 내가 해결하기 어려운 문제일 수 있는데 내가 창의력이 있으니까 내가 창의력을 가지고 해결할 수 있을 것 같다. • 저는 예전에 설문조사나 학교에서 하는 활동을 해도 장점, 단점을 몰랐다. 단점은 좀 알고 있었는데…… 이번에 좀 명확하게 알게 되었다.
강점으로 이룬 성공 경험	• 성공경험은 저번에 친구와 약속을 정했는데 다른 친구가 다른 데 가자고 했는데 저는 첫 번째 친구 약속 지키려고 정중히 사과하고 그 약속 지키고 다음에 놀았다. • 학구열에서는 아무래도 공부에 욕심이 있다 보니까 다른 아이들보다 성적이 좋게 나온다. • 감사는 얻는 거에 대해 아무렇지 않게 생각하면 아무 생각도 없이 살게 되는데 다른 사람보다 못하는 게 있다고 생각할 때 다른 사람보다 잘하거나 더 가지고 있다고 생각해서 힘들 때 더 힘을 낼 수 있다. • 애들이랑 사소한 다툼이 있을 때 애들이 정리 못하면 그런 얘기를 잘 정리해서 잘잘못을 판단해 주었던 경험…… 이런 면이 있었구나…… 알게 되어 좋았다. 이런 모습을 살리고 싶다. • 남들이 필요한데 없는 거일 수도 있고 남보다 잘난 점이니까 내 열등감이 좀 없어진다고 생각이 들었다. • 처음에는 잘 못 찾았다. 성공경험이 없다고 생각했다. 사람들 얘기 들어 보고 찾아보니 예전에 중2 때 처음 들어왔을 때 먼저 말을 거는 편이라서 많이 친해졌다. 먼저 아는 척을 잘하는 편이다. • 좌우명으로 삼고 있는 게 고마울 때 인사하는 거다. 미안할 때 미안하다 안 하거나 고마울 때 고맙다고 안 하는 거를 정말 싫어한다. 그건 친구한테도 예의인 것 같다. • 강점을 알고 나니까 예전에는 얼버무렸는데 이제 자신감이 좀 생기는 것 같다. • 성공한 경험 이번에는 이걸로 성공했지만 다음에는 다른 거로 성공할 수 있으니까 더 많은 경험을 쌓을 수 있으니까 좋은 것 같다.

(7) 7회기 주요 내용 및 소감문 분석 결과

7회기는 자신이 중요하게 생각하는 삶의 가치를 찾고 그것으로 자살행동을 줄일 수 있는 방법을 탐색하도록 하였다. 구체적으로 가치관 선택의 기회와 사고 싶은 마음이 생겨날 수 있도록 가치관 경매를 실시하였고, 이를 통해 원하는 가치를 찾고 획득하고 지켜 나가는 것에 대한 의미를 살펴보았다. 이 활동을 통해 집단원들은 가치 획득 시 기쁨과 미 획득 시 안타까움을 호소하였고, 진짜 갖고 싶은 동기가 들었다고 보고하였으며 자신의 마음을 알 수 있어 뿌듯했다고 언급하였다.

〈표 5-7〉 7회기 경험보고서 내용

주제	내 용
가치관 경매	• 내가 자유를 선택했던 걸 보면 내가 자유가 절실하구나 싶기도 하고 제일 원하는 것이기도 한 거니까 내가 몰랐던 내 마음을 알 수 있어서 좋았다. 나를 알고 나니 뿌듯하기도 하고 좋았다. • 돈, 돈을 얻고 나니 좋았어요. 중요하게 생각하는 가치를 찾으니까 나랑 이게 맞고 이게 틀리다는 생각이 들어서 신기했다. • 다른 것보다 사랑받는 것을 제일 사고 싶었다. 처음엔 왠지 몰랐다. • 다른 사람을 사랑하는 것도 그렇고 현명함, 지혜는 내가 노력하면 될 것 같아서…… 좀…… 희망 이런 것 때문에…… • 노력을 사고 싶었다. 제가 얻고 싶은데 마음대로 안 되서 못 얻었다. 점점 저를 조금씩이라고 바꿔서 저거를 내 걸로 내가 사고 싶다…… 갖고 싶다는 생각을 했다.
가치 탐색 및 정의 내리기	• 자유, 활발함, 남을 좋아할 수 있는 마음이 끌리고 이런 것이 저에게 중요하다는 것을 예전에는 몰랐는데 알 수 있어서 좋았다. • 자유를 사고 싶었었는데 왜 그런지 살펴보니 예전부터 정해진 것 신경 안 쓰고 막 뛰어다니고 싶었어요. 눈치 안 보고…… 근데 전 이상하게 그러고 싶은데 자꾸 눈치를 보는 거예요. 그래서 자유를 살고 싶었다. • 예전에는 몰랐어요. 이걸 하면서 보인다. 제가 뭘 원하는지…… 제가 원하는 걸 하려면 내가 노력해야 하는 것을 알게 되었다. • 사랑받는 것을 제일 사고 싶었는데 이번 활동을 통해서 저에게 부족했다는 거라는 걸 알았다. • 집단 상담 등을 통해 꿈만 안 꾸고 생활에서 진짜로 하고 싶었어요.

(8) 8회기 주요 내용 및 소감문 분석 결과

8회기부터는 4단계로 실천하기 단계에 해당되며, 스트레스 상황을 낙관적으로 바라보는 것을 목표로 두었다. 이를 위해 집단원들이 긍정 대화를 통해 자신의 문제를 해결해 보려는 노력을 빙고게임으로 유도하였고, 갈등 상황을 긍정 대화로 바꿔 보고 연습을 실시하였다.

이 활동을 통해 부정적인 것이 생각하기에 따라 긍정적인 것으로 바꿀 수 있다는 것 자체가 즐겁고 신기하였다고 표현하였다. 즉, 꼭 해결책이 극단적인 한 가지가 아닌 여러 가지 방법이 있다는 것을 알면서 문제 해결에 대한 대처 방법이 확장되었다고 언급하였다. 이어서 집단원들은 긍정 대화 활동을 통해 계속 긍정 생각과 대화를 한다면 긍정적인 사람이 될 것 같은 기분이 들었다고 보고하였고, 자신의 문제를 해결할 수 있고 나아질 수 있는 방법을 찾아야 함을 인식하고 노력해 보고 싶다는 욕구를 표현하였다.

〈표 5-8〉 8회기 경험보고서 내용

주제	내 용
낙관성 높이기 (빙고 게임)	• 낙관성 빙고게임-일단은 모인 사람들이 나랑 다 비슷한 경험을 느끼고 있으니까 동그라미가 잘 쳐지니까 기분이 좋고 동질감이 느껴지고 근데 긍정적으로 따로 얘기하니까. 아, 이 사람은 이렇게 긍정적으로 생각하고 있구나…… 이런 걸 느끼는구나…… 참 다양하게 긍정적으로 생각할 수 있구나 하고 느꼈다. • 글 적고 종이 벽에 붙인 것처럼 저랑 똑같이 하는 사람이 많다. 그게 공감된다. 나만 힘들어하는 줄 알았는데 다른 사람도 그렇다고 하니까 내가 너무 신경 썼다. 예민했었다는 생각이 들었다. • 부정적인 것을 긍정적으로 바꿀 수 있다는 것도 즐거웠고 긍정적인 것으로 바꾸는 것도 한 가지가 아닌 여러 가지가 나오는 것도 신기했고, 혼자서 고민하는 것보다 다른 사람의 의견을 들어 봐야겠다는 생각 들었다. • 일단은 모인 사람들이 나랑 다 비슷한 경험을 느끼고 있으니까 동그라미가 잘 쳐지니까 기분이 좋고 동질감이 느껴지고 근데 긍정적으로 따로 얘기하니까 '아, 이 사람은 이렇게 긍정적으로 생각하고 있구나. 이런 걸 느끼는구나.' 참 다양하게 긍정적으로 생각할 수 있구나 하고 느꼈다. • 살이 찐다를 제가 바꾼 말이 운동을 안 했다……이랬는데 근데 이때는 쪄도 귀엽다고 말하고 다른 애는 이만큼만 쪄서 괜찮아 이런 식으로 바꾼 걸 보니 '아, 내가 안 좋게만 생각했구나'…… 좋게 생각할 수도 있는데라고 느꼈다.

긍정 대화 하기	• 긍정적으로 바꾸니까 색다르다. 예전에는 아이들이 나를 너무 얕봐서 놀렸다는 생각이 들어 우울하고 속상했는데 이건 나에 대한 관심이니까 다른 애들한테 한마디라도 했더라면 이렇게 안 됐을 거라고. 용기를 내서 다음에는 하지 말라고, 나 좋아하냐고 말할 거다. • 평소에 제가 엄마 아빠한테 학원 갔다가 집에 돌아오면 피곤하기도 하고 짜증내기도 하고 친구들이랑 있을 때도 짜증내기도 하는데 이제 짜증내는 수도 줄이고 이제 안 좋은 상황일 때 안 좋은 말을 할 수 밖에 없다고 생각했는데 좋게 바꿔 말할 수 있겠다는 것을 느꼈다. 좋게 바꿔 말하면 기분이 상하지 않을 수 있을 거 같다. • 이번 경험은 어떤 안 좋은 일이 있으면 그걸 해결해 나가야 한다는 걸 느꼈구요. 앞부분에서는 그냥 어떤 일이 있었구나 하는 생각을 많이 했구요. 이렇게만 생각했는데 이제는 해결하는 방법이나 이제 좀 더 나아질 수 있는 방법을 찾아내는 것 같아서 이것저것 생각하며 찾아내면서 내가 이렇게 해야겠다고 생각한 것도 많았고 앞으로 많이 좀 노력해 보고 싶다. • 처음에 좀 어려웠는데…… 평소에는 이렇게 사람한테 부정적이고 직설적인 얘기를 하다가 긍정적이고 남들이 듣기 편하게 만들어서 말하니까 만들기는 어려워도 남들이 들으면 좋겠다. 기분이 나쁘진 않겠다는 생각이 들어서 조금씩 노력하는 게 좋지 않을까라고 생각했다. • 사소한 거를 이해를 못해서 싸우기 때문에 이해를 해 줬으면 좋겠다고…… 긍정대화법 하고 나서는 실제로 써 보면 좋을 것 같았다. • 짜증난다. 싫다. 고쳐라 하면 상대방에 받아들이기 힘들 수도 있는데 해 줬으면 좋겠다고 하면 받아들이기가 쉽고 마음에 와 닿는 것 같다. • 아빠가 술 많이 드시는데 화 많이 내고 그랬는데…… 요즘은 아빠가 술 드시고 오면 아빠 술 드시지 마세요. 이제 건강을 생각하세요…… 제가 일단 목소리가 낮아지니까 아빠가 화를 안 내시니까 사이가 좋아지는 것 같다. 소리 지르는 것보다 더 좋은 것 같다.

(9) 9회기 주요 내용 및 소감문 분석 결과

9회기는 성장과정에서 자신의 미해결 과제에 대한 용서를 경험하는 데 목표를 두었다. 구체적으로 자신이 풀어 내지 못하고 가지고 있는 미안함을 바구니에 적어 넣고 집단원 간의 용서에 대한 피드백을 통해 '나와 너는 괜찮은 존재다' 라는 메시지를 받는 경험을 했다고 표현하였다. 또한 집단원들은 용서하는 것은 힘들지만, 노력한다면 용서를 주고받을 수 있고, 마음이 편안해질 수 있음을 깨달았다고 언급하였다.

〈표 5-9〉 9회기 경험보고서 내용

주제	내 용
용서에 대한 정의 및 기억 떠올리기	• 용서 받았던 일은 친구한테 심한 장난을 했는데 친구가 다쳤었는데 친구가 괜찮다고 뭐 이런 걸로 그러냐고 해서 고마웠다. 아직도 미안해 죽겠는데 그런데 신경 쓰지 말라고 내 걱정해 주니까 감동받았었다. • 용서한 경험은 제 짝지가 초등학교 때 제 돈 천 원을 훔쳤는데 용서해 줬다. 친구가 사과를 했는데도 기분은 안 좋았지만 '친구도 사정이 있겠지' 하고 용서해 주니까 마음이 편안해졌다. • 용서는 배려다. 왜냐하면 용서를 해 주는 사람이 용서를 구하는 사람 말을 듣고 거절하면 기분 나쁘니까 용서를 구하는 사람 마음을 이해해 주는 거기 때문에…… • 장난을 치다가 제가 크게 다쳤었다. 친구가 미안하다고 하는데 일부러 그런 게 아니니까 괜찮다고 했다. 그때 친구가 되게 고마웠다. 마음이 따뜻해지는 것 같았고 그때 용서를 안 하고 화를 냈으면 더 안 좋아졌을 텐데 잘 선택했다고 생각했다. • 용서 받은 경험은 엄마에게 성적이 낮다거나 학교에서 문제 일으키면 엄마가 괜찮다고 할 때…… 용서 받으니 사랑받는 느낌…… 고맙다. • 용서란 다른 사람을 이해해 주는 것. 왜냐하면 그 잘못을 이해해야지 친해질 수 있으니까라고 정의했다. 용서받았던 기억은 지난번에 학교에서 안 좋은 친구들과 한번씩 놀다가 잘못을 해서 엄마가 학교에 오셔서 그때 '엄마에게 진짜 죄송하다' 고 했는데 엄마가 '이제 안 그러면 된다' 라고 해서 그때부터 정신 차린 것 같다. 용서받으니까 기분은 처음에는 죄송하고 그랬는데 엄마가 그런 식으로 다시 말해 주시니까 엄마가 그래도 나를 믿어 주시는구나……이제 하면 안 되겠구나…… 그런 생각했다.
나 용서 하기	• 친한 친구가 뒷담했을 때 제가 공감했을 때 그게 찔려서 잠도 못 자고 불안했었는데 내가 한 행동에 사과 받을 수 있겠다는 생각이 들어 안심되었다. 잠도 잘 잘 것 같고…… • 용서하는 거는 힘들지만 그래도 노력한다면 저도 용서할 수 있고 용서 받을 수 있을 거 같아요. • 용서한 사람이나 받은 사람이나 마음이 편안해질 것 같아요. • 용서를 하거나 용서를 받게 되는 그때 상황이 오는 것 자체가 사건이 있었다. 그 상황에서 더 틀어질 수 있는 것을 용서로 더 좋게 만들 수 있다는 게 좋았던 것 같고 그게 더 좋은 방법이라는 것도 다시 한 번 느끼게 되었다. • 평상시에 말 못한 용서 받고 싶은 것들 할 때는 제가 함으로써 다른 사람들에게 위로가 될 수 있고 마음을 덜어 줄 수 있게 해서 뿌듯했고…… 저는 애들한테 징징대고 떼쓰는 것 적었다. 좋아하면 이해해 줄 거지만 그래도 떼쓰는 거 조금만 줄이라고 말을 받을 때는 애들한테 고맙고 진짜 용서 받는 느낌이었다. • 내가 용서를 해 줄 때는 내 입장이라고 생각했다. 그 애가 나라고 생각하면 '어떤 말을 해야지 쟤가 괜찮아질까?' 생각하고 그래서 거기에 도움이 되게 말했다.

(10) 10회기 주요 내용 및 소감문 분석 결과

10회기는 종결회기로 나무가 땅속의 양분을 먹고 자라듯 자신의 마음나무도 여러 경험을 하면서 자라므로 잘 가꾸어야 된다는 것을 느낄 수 있도록 구성하였다. 이를 위해 활동을 하면서 깨달은 자신의 모습을 정리하고, 응원 메시지를 집단원들과 주고받았다. 프로그램 마지막 부분에 소감을 나눌 때, 집단원들은 현실의 자신의 모습에 감사하며 변화된 자신의 모습을 돌아보면서 바뀔 수 있다는 실천의지를 갖게 되었다고 언급하였다.

〈표 5-10〉 10회기 경험보고서 내용

주제	내 용
마음 나무 가꾸기	• 화분에 색깔 칠할 때는 자기도 모르게 무의식적으로 가는 색깔 있다. 누군가 물어봤을 때 대답을 해야 하는데 그래도 무의식으로 색칠을 하게 되고…… • 학교 회색, 가정 주황색, 평상시 초록색 • 학교는 물어보면 처음에 학교 좋냐고 물어보면 나름 괜찮다고 하는데 학교에서 힘든 일을 겪게 되면서 좀 싫어하게 됐다. 예전에 있었던 일이나 그런 거 평소에는 다른 데 담아 두고 괜찮다고 하는데 마음 한 구석에 학교를 싫어하고 무서워하는 마음이 있다 보니까 그런 색깔을 집게 된 것 같고…… 그런 거 하고 나니 기분은 아무 생각도 없이 회색을 집고 나서 좀 놀랜 것도 있었고 왜 내가 이 색깔을 집었지 생각도 해 봤고 머릿속으로 생각하는 것보다 마음 • 학교에서는 방방 떠 있으니까 색깔이 다양하게 나온 것 같고 좀 더 내가 커서 꿈을 이룰 수 있게 많은 경험해 봐야겠다는 생각을 했다. • 가정에서는 우울해서 어두운 색깔을 칠하고, 학교에서는 밝은 색깔…… 그게 일치 안 됐다고 생각할 수 있지만 이렇게 다양한 경험 하는 게 나중에 더 행복한 생활을 하는 데 도움이 될 거 같다. • 다 갈색 계통으로 색칠했어요. 갈색 계통이지만 다른 거로 하니까 학교랑 집이랑 내가 생활하는 것이 다르구나는 것을 느꼈고 나무를 가꾸듯 저의 마음도 잘 가꾸고 싶어졌다.
감사할 줄 아는 나	• 긍정적으로 생각하는 것을 감사하다고 썼고, 그리고 잘 웃는 것 • 현재로도 내가 감사할 게 있다는 것을 알고 감사할 게 장점이라고 생각되었다. 내가 이런 것을 가졌다는 것을 무지 행복하게 생각했다. • 다른 사람들은 가족 때문에 힘들어하는 데 나는 그런 게 없어서 감사했다. 성적에 대한 스트레스를 많이 안 받는 게 감사했다. 못 먹고 살 정도로 못사는 것이 아니

	라서 감사했다. 감사할 줄 아는 마음을 가지니까 좋았다. 감사하는 마음을 가지니까 마음도 편해졌다. • 몸이 안 불편하게 태어난 거…… 친구들하고 사이가 아직 좋은 것…… • 내가 마냥 불행하지는 않은 것 같고 아직도 행복해질 수 있고, 아직 죽을 때가 아닌 것 같고 죽을 때 되면 죽어야지…… 몸도 엄마가 건강하게 낳아 줬으니까 이제 만족하며 살고 싶다.
응원의 한 말씀	• 계속 감사하는 것이 중요하다는 생각이 든다. 응원의 한 말씀 쓰면서 눈이 밝다고 나에게 쓴 말인지 몰랐다. 그런 말 처음 들었다. 모르는 사람들과 10시간을 보내면서 그 사람들이 칭찬도 해 주고 위로도 해 주고 했다는 것에 감동받았고 힘들 때마다 이걸 볼 거다. • 내가 써 줄 때는 이걸 보고 좋아해 줬으면 좋겠다. 내가 다른 사람에게 위로해 줄 수 있어서 기뻤다. • 써 줄 때는 잘은 모르지만 누구 것인지 아니까 이번에 활동하면 발표하는 것도 듣고 했으니까 적을 때 동지…… 같다는 느낌도 들고 잘 알고 그런 사이는 아닌데 어느 정도 마음도 통하고 비슷한 사람끼리 만났다는 거 때문에 뭔가 즐거운 마음도 있었다. • 내 꺼를 봤을 때는 울 뻔했다. 그냥 상담하면서 서로서로 조금씩 알게 됐는데 힘내라고 하고 제가 1학년인데 선배들이 대부분인데 제 고민을 듣고 있다가 마지막에 적어 준 것에 고마웠고 장난치듯이 적은 말도 그 안에 진심을 느껴져서 마음이 따뜻하게 느껴졌다. • 나를 이렇게도 보는구나 하고 생각하니까 기분이 신기했고 기쁘기도 하고 재미있었다. • 남들 거 돌리면서 받을 때 하나하나씩 적으니까 다양한 사람들의 다양한 생각들을 보게 되고 이렇게 응원해 주는 말들을 보니 이런 사람들이 자살생각이 높았나는 생각이 들고 안 믿겼다. • 쓸 때는 제가 이렇게 한마디 적는데 애들이 크면서 응원이 될 수 있다 생각해서 열심히 적었다. 받으니까 좀 응원해 주는 느낌. 또 제 장점도 많이 적어 주니까 힘이 많이 났다. • 쓸 때는 이게 저 친구에게 도움이 된다고 하니까 뿌듯하면서 썼던 거 같다. 제 거를 봤을 때는 아, 애들이 이런 말을 하고 싶었구나…… 나도 격려해 줄 수 있구나 해서 용기가 생겼던 것 같다.

(11) 전체 활동에 대한 소감문 분석 결과

전체 활동에서의 소감을 살펴보면, 처음에는 힘들면 안 좋은 생각으로 바로 넘어갔는데, 집단상담을 하고 난 후부터는 한 번 더 생각하게 되었고, 마음 속 답답한 것을 풀 수 있는 방법도 찾아 죽는 게 전부가 아님을 알았다고 표현하였다. 또한 열등감이 줄어들었고, 장점을 찾으니 자신감이 생겼으며, 내가 마음을 열면 다른 사람도 진심으로 대해 주므로 내 마음을 말할 수 있겠다는 것을 느꼈다고 언급하였다.

〈표 5-11〉 전체 소감

주제	내 용
전체 소감	• 내가 자살이라는 나쁜 생각을 가지지 않아야 한다는 것을 느꼈고 언제나 나에겐 밝게 웃을 수 있는 것들이 있다는 것을 알게 되고 그것들이 소중하게 여겨졌다. • 나에 대한 가치와 소중함을 알게 되었고 사고방식이 변화하여 인생을 낙관적으로 살아서 행복해졌다. • 좀 더 긍정적으로 생각하게 된 것 같다. 또한 집단상담하면서 '내가 이러진 말아야지……' 하고 발표했던 거를 집이나 밖에서 하려고 할 때 '집단상담에서 이러지 않기로 약속했는데…….' 하면서 다시금 생각할 수 있을 것 같아서 좋다. • 정말 속에 있는 꽁해져 있는(맺혀서 풀어지지 않는) 것이 풀린다는 느낌을 받아서 정말 뿌듯하기도 하고 좋았다. • 항상 우울하고 밖에서만 밝고 혼자서 생각하고 어디다 털어놓을 곳이 없었는데 이것을 하고 털어놓을 수 있어서 좋았다. • 내가 고민하던 것을 다른 아이들도 고민하고 있다는 것을 알고 공감됐고, 생각해보면 내 고민은 별게 아닌 것 같다는 생각이 들었다. • 긍정적인 사고를 하게 되고 친구들의 힘이 느껴져서 나도 힘이 났다. • 그동안 많은 것을 보람 있게 알차게 보내서 흥미로웠고 자살을 하면 나를 살게 하는 것들도 아무 의미가 없어지는 것을 알게 되었다. • 처음에는 이런 걸 왜 해야 되나……하고 귀찮았는데 지금은 얼굴도 와 닿고 서로 마음을 터놓고 얘기해서 마음이 편안해진 것 같다. • 처음에는 귀찮고 부담스러웠는데 지금은 내 자신을 더 잘 알게 돼서 마인드 컨트롤이 쉬워질 것 같다.

부록

1. '생명존중 프로그램'의 회기별 목표 및 활동 내용
2. 자살행동 치료프로그램이 우울, 자살생각, 심리적 안녕감에 미치는 효과
3. 우울, 자살생각, 심리적 안녕감 점수에 대한 단순 주효과 및 다중비교 분석 결과

〈부록 1〉 '생명존중 프로그램' 의 회기별 목표 및 활동 내용

단계	회기	주제	목표	활동 내용
도입	1	프로그램 소개	■ 프로그램의 취지와 필요성을 안다.	• 사전검사 실시 • 프로그램에 대한 소개 및 목표제시 • 프로그램 규칙 정하기
	2	생명, 그 아름다운 시작	■ 생명의 소중함을 깨닫고 우리는 모두 소중하고 의미 있는 존재임을 안다. ■ 자기소개를 통해 집단원 간의 신뢰감을 형성한다.	• 생명탄생에 관한 영상물 보기 • 생명에 대한 정의 내리기 • 생명의 정의로 별칭 짓기 • 나 소개하기
초기	3	방황하는 마음 챙기기	■ 우울한 감정과 그 대처법을 안다.	• 감정카드 게임 • 청소년우울증의 이해 • 우울한 감정 대처법 알아보기 • 나만의 우울모드 극복법
	4	생각은 사실이 아니야!	■ 생각과 감정의 관계를 알고, 생각은 그저 생각에 불과함을 깨닫는다.	• 내 머릿속 생각 • 생각은 사실이 아니야 • 자동적 사고 알아차리기(자동적 사고 기록지)
중기	5	못다 핀 한 그루의 나무	■ 청소년 자살의 심각성을 안다. ■ 자신과 타인의 생명을 위협하는 상황에 대해 이해한다.	• 동영상 시청(못다 핀 한 그루의 나무) • 느낌 나누기 • 청소년 자살의 실태 • 자살에 대한 사례 토론 • 자살에 대한 경험 나누기
	6	그건 아니야!	■ 자살행동에 대한 오해를 바로잡고, 자살에 대한 올바른 태도를 갖게 한다.	• 자살에 대한 진실 혹은 거짓 • 자살에 대한 올바른 태도 갖기
	7	미모사 이야기	■ 자살위험 신호를 알고 위기 상황에 대처할 수 있다. ■ 자살생각이나 자살위험에 처한 친구를 돕는 적절한 방법을 찾을 수 있다.	• 자살위험 신호 알아보기 • 슬라이드 동화 '미모사 이야기' • 생명지킴이(Gate-keeper) 활동
	8	난 혼자가 아니야!	■ 자살위험이 발생했을 때 주변에 도움을 구하는 방법을 안다.	• 사랑하며 사는 삶 • 자신의 주변에 누가 있는지 떠올려 보며 감사와 용서의 마음을 갖는다. • 자살위험이 발생했을 때 주변의 도움 방법
마무리	9	생명존중 서약식	■ 생명존중 삶을 살아야 하는 이유를 말할 수 있고 구체적인 목표설정을 통해 실천할 수 있다. ■ 생명존중 삶을 살아갈 것을 서약한다.	• 생명을 소중히 여기는 사람들(동영상) • 내가 살아야 할 이유 • 나의 인생목표 정하기 • 생명존중 서약식(촛불의식)
	10	그건 아니야!	■ 사후 설문지를 작성한다. ■ 프로그램 만족도를 작성한다.	• 사후검사 실시, 프로그램 만족도 작성 • 프로그램 내용 정리

〈부록 2〉 자살행동 치료프로그램이 우울, 자살생각, 심리적 안녕감에 미치는 효과

관련변인	Source	SS	*df*	*MS*	*F*	*p*
우울	집단 간					
	집단 간(치료)	1516.867	2	758.433	5.223	.012
	오차	3920.567	27	145.206		
	집단 내					
	집단 내(시기)	1272.200	2	636.100	29.097	.000
	치료×시기	783.933	4	195.983	8.965	.000
	오차	1180.533	54	21.862		
자살 생각	집단 간					
	집단 간(치료)	576.467	2	288.233	6.558	.005
	오차	1186.600	27	43.948		
	집단 내					
	집단 내(시기)	733.067	2	366.533	31.298	.000
	치료×시기	683.867	4	170.967	14.599	.000
	오차	632.400	54	11.711		
심리적 안녕감	집단 간					
	집단 간(치료)	6741.956	2	3370.978	5.276	.012
	오차	17250.267	27	638.899		
	집단 내					
	집단 내(시기)	1172.422	2	586.211	6.636	.003
	치료×시기	1995.444	4	498.861	5.647	.001
	오차	4770.133	54	88.336		

〈부록 3〉 우울, 자살생각, 심리적 안녕감 점수에 대한 단순 주효과 및 다중비교 분석 결과

관련변인	Source	SS	*df*	*MS*	*F*	*p*	다중비교
우울	측정시기@치료	1644.067	2	822.033	17.948	.000	d > e, f
	측정시기@비교	396.867	2	198.433	2.707	.085	d>e
	측정시기@통제	15.200	2	7.600	.109	.897	
	집단구분@사전	48.267	2	24.133	.324	.726	
	집단구분@사후	1053.26	7	526.633	7.764	.002	a<b, c
	집단구분@추후	1199.267	2	599.633	12.864	.000	a<b, c
자살 생각	측정시기@치료	1160.467	2	580.233	27.246	.000	d>e, f
	측정시기@비교	176.467	2	88.233	5.596	.009	d>e, f
	측정시기@통제	80.000	2	40.000	1.320	.284	
	집단구분@사전	32.600	2	16.300	1.000	.381	
	집단구분@사후	262.467	2	131.233	4.893	.015	a<c
	집단구분@추후	965.267	2	482.633	19.907	.000	a<b<c
심리적 안녕감	측정시기@치료	6289.867	2	3144.933	9.756	.001	d<e, f
	측정시기@비교	960.267	2	480.133	2.149	.136	
	측정시기@통제	745.267	2	372.633	2.463	.104	
	집단구분@사전	145.267	2	72.633	.487	.620	
	집단구분@사후	4644.600	2	2322.300	7.284	.003	a>b, c
	집단구분@추후	7806.067	2	3903.033	9.234	.001	a>c

출처: Cameron, 1984. a=치료, b = 비교, c = 통제, d = 사전, e = 사후, f = 추후

참고문헌

강미선(2007). 부모갈등과 학교생활적응이 청소년의 자살생각에 미치는 영향. 성균관대학교 석사학위논문.

김가영(2008). 청소년의 학대경험과 자살생각 및 감정표현불능증과의 관계. 숙명여자대학교 석사학위논문.

김경희(2008). 자살위험중학생을 위한 생명존중프로그램의 효과성 연구: 자아존중감, 자살위험성, 생활스트레스대처방식, 문제해결능력에 미치는 영향. 성균관대학교 사회복지대학원 석사학위논문.

김남성(1995). 교육심리학. 서울: 교육과학사.

김명소, 김혜원, 차경호(2001). 심리적 안녕감의 구성개념분석: 한국 성인 남녀를 대상으로. 한국심리학회지: 사회 및 성격, 15(2), 19-39.

김성일, 정용철(2001). 청소년의 우울성향과 가정환경의 관계. 한국청소년연구, 12(1), 5-27.

김성희(2010). 청소년 스트레스 및 인지적 왜곡과 자살생각과의 관련성. 아주대학교 교육대학원 석사학위논문.

김시업, 한중경(1999). 청소년 자살 예방할 수 있다. 서울: 예솔.

김운삼(2001). 자아개념과 정신건강 및 학교태도 간의 관계. 홍익대학교 박사학위논문.

김정진(2009). 대학생의 자살생각 관련요인 연구: 자살시도 경험, 정신건강, 심리사회적 문제를 중심으로. 정신보건과사회사업, 32, 413-437.

김창대(2002). 청소년 집단상담 프로그램의 개발과 평가. 서울: 한국청소년상담원.

김형수(2006). 생애주기별 자살현황과 예방대책. 노인복지연구, 34, 271-292.

남민(1997). 청소년 자살. 대한의사협회지, 40(10), 1282-1287.

문동규(2011). 청소년의 자살생각에 관련된 변인의 메타회귀분석. 충북대학교 박사학위논문.

박경애, 이재규, 권해수(1998). 청소년 동반자살. 청소년상담문제연구보고서.

박광배, 신민섭(1991). 고등학생의 지각된 스트레스와 자살생각. 한국심리학회지: 임상,

10(1), 298-314.
박병금(2006). 청소년의 자살생각에 관한 생태체계요인 탐색. 충북대학교 박사학위논문.
박지현(2006). 청소년이 지각한 스트레스, 자기효능감, 심리적 안녕감 및 사회적 지지의 관계. 서강대학교 교육대학원 석사학위논문.
박병금(2007). 청소년 자살생각 관련요인: 자아존중감과 우울의 매개효과를 중심으로. 한국생활과학회지, 16(3), 505−522.
박진숙(2004). 자살예방을 위한 목회상담. 장로회신학대학교 목회전문대학원 석사학위논문.
박현선(1998). 빈곤청소년의 학교 적응유연성. 서울대학교 박사학위논문.
박현선(2010). 고위험 청소년을 위한 멘토링 프로그램의 효과분석: 프로그램 과정산물의 매개효과를 중심으로. 사회복지연구, 4(1), 175−202.
변복희(2010). 청소년의 감사성향과 심리적 안녕감과의 관계: 스트레스 대처 전략의 조절효과. 경성대학교 교육대학원 석사학위논문.
삼성생명공익재단 사회정신건강연구소(2006). 내 생명 소중하게 가꾸기. 서울: 사회정신건강연구소.
서찬란(2005). 가족 환경 요인 및 개인 심리 요인이 청소년의 문제 행동에 미치는 영향. 중앙대학교 석사학위논문.
송명자(1995). 발달심리학. 서울: 학지사.
송미경(2012). 생명존중교육프로그램이 중학생의 죽음불안, 자살위험성 및 생명존중의식에 미치는 영향. 계명대학교 대학원 박사학위논문.
신민섭(1993). 자살기제에 대한 실증적 연구: 자기도피척도의 타당화. 연세대학교 박사학위논문.
심민정(2007). 생명존중 프로그램이 학교 적응곤란 중학생의 생명존중 의식과 자살태도에 미치는 영향. 이화여자대학교 대학원 석사학위논문.
안황권(1999). 청소년 자살에 관한 연구. 경기행정논집, 13, 149−169.
오승근(2006). 청소년의 자살태도, 자살위험성 및 생명존중교육 참여 요구와의 관계. 고려대학교 박사학위논문.
우선유(1999). 청소년의 자살생각에 영향을 주는 변인에 관한 연구. 서울여자대학교 석사학위논문.
이영호, 송종용(1991). BDI, SDS, MMPI-D 척도의 신뢰도 및 타당도에 대한 연구. 한국심리학회지: 임상, 10(1), 98-113.

이윤희(2012). 청소년의 인터넷 중독과 스트레스가 자살생각에 미치는 영향분석: 인터넷 중독의 매개효과를 중심으로. 서울대학교 보건대학원 석사학위논문.
이종인(2006). 성폭력 이론들에 관한 비판적 고찰: 종족성 및 성 인지적 시각의 모색을 위하여. 비교문화연구, 12, 141-193. 서울대학교 비교문화연구소.
전영주, 이숙현(2000). 청소년의 자살구상과 관련 변인분석. 청소년학연구, 7(1), 221-246.
정윤선(1993). 스트레스 대처방식과 행복 · 불행의 관계. 한양대학교 석사학위논문.
정철순, 임숙빈, 고효진(2001). 청소년의 자살 위험에 관한 연구. 정신간호학회지, 10(4), 521-532.
지수경(2001). 청소년의 애착과 자기효능감 및 학교생활적응과의 관계. 서강대학교 석사학위논문.
지승희, 김명식, 오승근, 김은영, 이상석(2008). 청소년자살 예방프로그램 및 개입방안 개발. 서울: 청소년상담원.
지승희, 이혜성(2001). 회피형 내담자가 지각하는 상담 과정 및 변화 요인 연구: 애착이론적 조망에서. 한국심리학회지: 상담 및 심리치료, 13(3), 55-73.
하상훈(2000). 청소년의 자살충동과 심리사회적 변인과의 관계. 인하대학교 석사학위논문.
하상훈(2003). 청소년 자살예방 프로그램: 청소년 자살, 어떻게 예방할 것인가? 한국생명의 전화. 제1회 청소년 자살예방 세미나 자료집, 85-89.
하연희(2001). 중학생의 자살생각 실태에 관한 연구. 이화여자대학교 사회복지대학원 석사학위논문.
한국일보(2010.12.22). 게임중독자 초중고생만 52만명. 한국일보.
한국청소년상담원(2007). 2007년 한국청소년자살실태조사. 서울: 한국청소년상담원.
한기석, 정영조(1992). 정신신경 면역학: 스트레스, 우울장애, 정신분열병과 면역계. 신경정신의학, 31(5), 825-836.
함경애(2013). 청소년의 자살행동에 관한 질적 분석 및 치료프로그램 개발. 경성대학교 대학원 박사학위논문.
홍나미(1998). 청소년의 자살생각에 영향을 미치는 심리사회적 요인에 관한 연구. 이화여자대학교 석사학위논문.
홍영수(2004). 청소년의 자살행동에 대한 생활스트레스와 심리사회적 자원의 영향. 연세대학교 박사학위논문.

Armsden, G. C., & Greenberg, M. T. (1987). The inventory of parent and peer attachment: Individual Differences and their relationship to Psychological Well−Being in Adolescence. *Journal of Youth and Adolescence, 16*(5), 427−454.

Beck, A. T. (1967). *Depression: Clinical, experimental and theoretical aspects.* New York : Harper & Row.

Beck, A. T. (1976). *Cognitive therapy and the emotional disorders.* New York: Meridian.

Beck, A. T., Kovacs, M., & Weissman, A. (1979). Assessment of suicidal intention: The scale for suicide ideation. *Journal of Consulting and Clinical Psychology, 47*(2), 343−352.

Bettes, B., & Walker, E. (1986). Symptoms associated with suicidal behavior in children and adolescents. *Journal of Abnormal Child Psychology, 14*(4), 591−596.

Bowlby, J. (1988). *A secure base: Parent−child attachment and healthy human development.* New York: Basic Books.

Brent, D. A. (1987). Correlation of medical lethality of suicide attempt in children and adolescents. *Journal of American Academy of Child Psychiatry, 26*, 87−89.

Brockner, J., & Guare, J. (1983). Improving the performance of low self−esteem individuals: An attributional approach. *Academy of Management Journal, 26*(4), 642−656.

Ciffone, J. (1993). Suicide prevention: A classroom presentation to adolescence. *Social Work, 38*(2), 197-203.

Cooper, J., Kapur, N., Webb, R., Lawlor, M., Guthrie, E., Mackway−Jones, K., & Appleby, L. (2005). Suicide after deliberate self−harm: A 4−year cohort study. *American Journal of Psychiatry, 162*(2), 297−303.

D'zurilla, T. J., & Nezu, A. M. (1990). Development and preliminary evaluation of the Social Problem−Solving Inventory(SPSI). *Psychological Assessment, 2*, 156−163.

Friedman, W. J. (2005). Developmental and coginitive perspectives on humans' sense of the times of past and future events. *Learning and Motivation, 36*(2), 145−258.

Garbarino, J. (1985). *Adolescent development: An ecological approach.* Columbus, OH: Charles E. Merrill.

Glaser, K. (1981). Psychopathologic patterns in depressed adolescents. *American Journal of Psychotherapy, 35*, 365−382.

Groholt, B., Ekeberg, O., Wichstrom, L., & Haldorsen, T. (2005). Suicide and non-suicidal adolescents: Different to self-esteem. *Suicide and Life-Threatening Behavior, 35*, 525-535.

Heppner, P. P., & Petersen, C. H. (1982). The development and implication of a personal problem-solving inventory. *Journal of Counseling Psychology, 29*(1), 66-75.

Hill, C. E., Knox, S., Thompson, B. J., Williams, E. N., Hess, S. A., & Ladany, N. (2005). Consensual qualitative research: An update. *Journal of Counseling Psychology, 52*(2), 196-205.

Hill, C. E., Thompson, B. J., & Williams, E. N. (1997). A Guide to conducting Consensual Qualitative Research. *The Counseling Psychologists, 25*(4), 517-572.

Kashani, J., & Simonds, J. F. (1979). The incidence of depression in children. *American Journal of Psychiatry, 136*(9), 1203-1205.

Kelly, P., & Corcoran, C. A. (2003). The classroom teacher's role in preventing school failure. *Kappa Delta Pi Record, 39*(20), 84-87.

Laster, J. F. (1981). Toward an understanding of stress. *Journal of Home Economics, 73*(3), 17-19.

Marcenko, M. O., Fishman, G., & Friedman, J. (1999). Reexamining adolescent suicidal ideation: A developmental perspective applied to a diverse population. *Journal of Youth and Adolescence, 28*(1), 121-138.

McCullough, M. E., Emmons, R. A., & Tsang, J. A. (2002). *Journal of Personality and Social Psychology, 82*(1), 112-127.

Range, L. M. (1993). Suicide prevention: Guidelines for school. *Educational Psychology, 5*(2), 135-154.

Reynolds, W. M. (1988). *Suicidal ideation questionnaire: Professional manual*. Odessa, FL: Psychological Assessment Resources.

Ryff, C. D. (1989). Happiness is everything, or is it? Explorations in the meaning of psychological well-being. *Journal of Personality and Social Psychology, 57*, 1069-1081.

Ryff, C. D., & Keyes, C. L. M. (1995). The structure of psychological well-being revisited. *Journal of Personality and Social Psychology, 69*(4), 719-727.

Scheier, M. F., & Carver, C. S. (1992). Effects of optimism on psychological and physical sell-being: Theoretical overview and empirical update. *Cognitive Therapy and Research, 16*, 201-228.

Seiffeg-Krenke. (1995). *Stress, coping, and relationships in adolescence*. Mahwah, NJ: Erlbaum.

Seligman, M. E. P. (1991). *Learned optimism*. New York: Knopf.

Sharaf, A. Y., Thomson, E. A., & Walsh, E. (2009). Protective effects of self-esteem and family support on suicide risk behaviors among at-risk adolescents. *Journal of Child and Adolescent Psychiatric Nursing, 22*(3), 160-168.

Snyder, C. R. (1994). Hope and optimism. In V. S. Ramachandran (Ed.), *Encyclopedia of human behavior* (pp. 535-542). San Diego, CA: Academic Press.

Stanton-Salazar, R. D., & Spina, S. U. (2000). The network orientations of fighly resilient urban minority youth. *The Urban Review: Issues and Ideas in Public Education, 32*(3), 227-262.

Thompson, E. A., Eggert, L. L., & Herting, J. R. (2000). Mediating effects of an indicated prevention program for reducing youth depression and suicide risk behaviors. *Suicide and Life-Threatening Behavior, 30*(3), 252-271.

Weiner, I. B. (1982). *Child and adolescsnt psychopathology*. New York: John Wiley & Sons.

Wheeler, K., & Braod, R. (1994). Alexithymia and overeating. *Perspectives on Psychiatric Care, 30*, 7-10.

Wright, L. S. (1985). Suicidal thoughts and their relationship to family stress and personal problems among high school seniors and college undergraduates. *Adolescence, 20*, 575-580.

Zimbardo, P., & Boyd, J. (2008). *The time paradox: The new psychology of time that will change your life*. Free Press.

http://www.edaily.co.kr/news/NewsRead.edy?SCD=JA11&newsid=01653126606153208&DCD=A00101&OutLnkChk=Y

저자 소개

함경애(Ham Kyong-ae)

경성대학교 교육학과 겸임교수

연세대학교 인간행동연구소 전문연구원(상담심리학 박사)

동양중학교 전문상담교사

SM심리건강연구소 책임전문위원

저 · 역서) 『상담심리학의 이론과 실제』, 『집단상담』 외 다수

천성문(Cheon Seong-moon)

경성대학교 교육학과 교수(상담심리학 박사)

서울대학교 초빙교수

Stanford University 연구교수

한국중독상담학회장

저 · 역서) 『상담심리학의 이론과 실제』, 『집단상담』 외 다수

이동귀(Lee Dong-gwi)

연세대학교 심리학과 교수

서울대학교 심리학과 학사 및 석사

University of Missouri-Columbia(상담심리학 박사)

前 Purdue University 교육학과 교수

한국상담심리학회 부학회장, 연세대학교 인간행동연구소장 등 역임

저 · 역서) 『상담심리학』(5판, 공저), 『동기강화상담 기술훈련 : 실무자 워크북』 외 다수

청소년 자살행동 치료프로그램 매뉴얼

– 사례 분석 기반 개입 –

The therapeutic program manual for adolescents' suicidal behaviors: An intervention based on case analysis

2015년 6월 15일 1판 1쇄 인쇄
2015년 6월 20일 1판 1쇄 발행

지은이 • 함경애 · 천성문 · 이동귀

펴낸이 • 김진환
펴낸곳 • (주) 학지사
121-838 서울특별시 마포구 양화로 15길 20 마인드월드빌딩
대표전화 • 02)330-5114 팩스 • 02)324-2345
등록번호 • 제313-2006-000265호

홈페이지 • http://www.hakjisa.co.kr
커뮤니티 • http://cafe.naver.com/hakjisa

ISBN 978-89-997-0670-7 93180

정가 16,000원

이 도서의 국립중앙도서관 출판시도서목록(CIP)은 서지정보유통지원시스템 홈페이지(http://seoji.nl.go.kr)와 국가자료공동목록시스템(http://www.nl.go.kr/kolisnet)에서 이용하실 수 있습니다.
(CIP 제어번호: CIP2015009309)